GRIECHISCHE MYTHOLOGIE

ΕΚΔΟΣΕΙΣ
ΤΕΧΝΗ
EDITIONS

"Auf der Insel der Sirenen", Holzschnitt des griechischen Malers und Graphikers K. Grammatopoulos.

Texte: SOFIA SOULI
Künstlerische Betreuung: MICHAEL LACENERE
Übersetzung: HANNS ABRAHAM

Verlegerische Herstellung: TECHNI Gmb

Menelaou 76 - 17343, Athen, Tel. (01) 9767975
INTERNET: http://www.toubis.gr

2 - 2001

INHALT

WELTENTSTEHUNG

DIE GÖTTER

DIE HEROEN

TROJANISCHER KRIEG

DIE ODYSSEE

Eine Einführung in die

Zu allen Zeiten ist die Vernunft die unzerstörbare, grösste Gabe des Menschen. Durch sie fasst er auf, existiert, ist tätig und entwickelt sich. Wie gross das Wissen auch sein mag, es ist immer begrenzt. Bis zu dem Augenblick, in dem diese Grenzen erneut verschoben werden, möchte die Vernunft Vollständigkeit.

In ferner Vergangenheit wollte der Mensch wissen, warum er in einer so unermesslichen Welt so schwach und gefährdet ist. Er dachte über den Ursprung, das Ende und die übernatürlichen Erscheinungen nach, die er nicht beherrschen konnte. Dabei bediente er sich der Kenntnisse, die er aus seiner unmittelbaren Umgebung gewann, nutzte Wissen und Erfahrung. Die Phantasie musste die Lücken schliessen. Er hatte ein Bedürfnis nach dem Mythos, denn dieser war seine Wahrheit. Der Glaube daran gab ihm Sicherheit in einer Welt, die er geschaffen hatte. Deshalb verstehen wir den Mythos in herkömmlicher Weise als eine Erzählung, die uns eine ältere Ordnung der Welt vermittelt und erklärt.

Die griechische Mythologie ist vielschichtig. Aus verschiedenen Zeiten und Landstrichen stammt eine unendliche Fülle von Erzählungen, die man mühselig zu ordnen versuchte. Doch bedurfte es auch mancher Nachforschung, um sie mit anderen mythischen Erzählungen und Ereignissen zu vergleichen, um sie abzusichern. So unwahrscheinlich es klingen mag, der griechische Mythos ist nicht lediglich ein Märchen. Er spricht von vergangenen Epochen und Zeiten, ergänzt historische Lücken und ist vor allem ein Hinweis auf eine Kultur.

Die Sitten und Bräuche, der Glaube und Aberglaube eines Volkes, dessen Geschichte vor vielen Jahrtausenden begann, sind nicht ausschliesslich Mythos. Denn die Götter und märchenhaften Ereignisse mögen Schöpfungen der Fantasie sein, doch entstammen sie einer grossen

griechishe Mythologie

Wahrheit. Diese besagte und besagt bis auf den heutigen Tag, dass auf diesem Flecken Erde viele Jahrhunderte vor Christi Geburt Menschen ihre Städte gründeten, die Natur bezwangen und mit fremden Völkern kämpften. Sie unternahmen weite Fahrten, gründeten Kolonien und führten die Kunst auf einen Gipfel. Sie pflegten Körper und Geist - und diese Menschen waren Griechen!

Spricht man von den kyklopischen Mauern aus mykenischer Zeit, dann versteht man sofort, dass es den Mythos gibt. Diese Leistung war für eine ferne Zeit so übermenschlich, dass nur riesige Gestalten wie die Kyklopen sie schaffen konnten.

Die fesselnden Erzählungen des Homer in seinen unsterblichen Dichtungen sind nicht nur ein Teil des kulturellen Erbes und der Vorstellungskraft der Menschen, die vor dreitausend Jahren lebten. Vergessen wir nicht, dass die Menschheit sprachlos war, als die Ausgrabungen von Troja und Mykene bewiesen, dass diese Städte in der Zeit vor 1200 v.Chr. existierten und blühten, dass um sie heldenhaft gekämpft wurde. Das Troja des Priamos erschien mit seinen Mauern und Tempeln, das goldreiche Mykene, wie Homer es nennt, wurde sichtbar in den Gräbern des Atreus und des Agamamnon mit ihren Goldfunden.

Das Wort Mythologie ist griechisch und auch in anderen europäischen Sprachen aus dem Griechischen abgeleitet. Es zeigt den allgemein menschlichen Wert dieses Reichtums, der bis in unsere Zeit erhalten blieb.

Das goldene Erbe des Homer, des Hesiod, der grossen tragischen Dichter, der Lyriker und der vielen anderen antiken Schriftsteller ist der Stolz des griechischen Volkes. Ohne diese Dichtung gäbe es keine europäische Bildung, ohne die Mythen wäre die Weltliteratur sehr viel ärmer.

Die Titanen, Gö

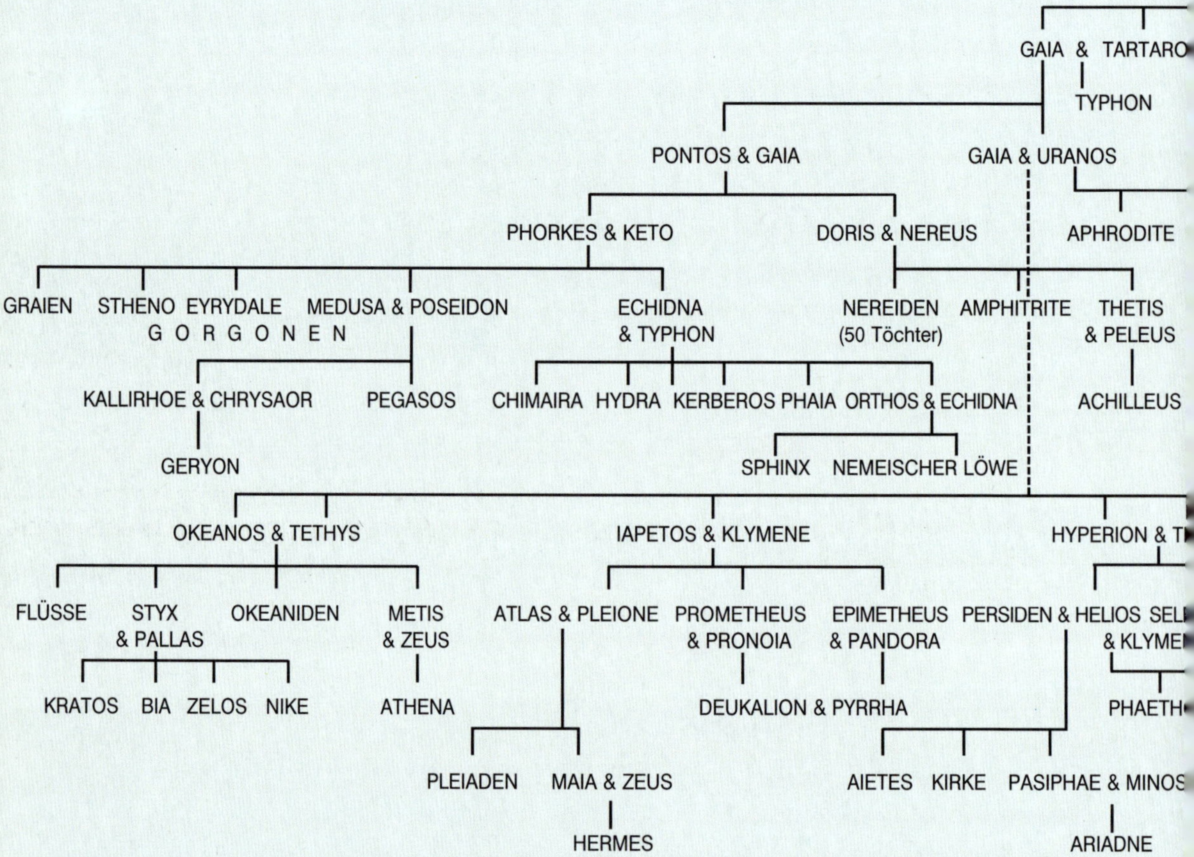

Die Titanen, Götter und Heroen der griechischen Mythologie sind Zweige des gleichen genealogischen Stammbaumes. Aspekte der Natur, Übermenschen und Götter bilden die Hauptpersonen. Nichts entstammt dem Zufall. Für alles gibt es eine Begründung und eine Bestimmung. Zur Bestrafung der Frevler und Gesetzesbrecher werden Ungeheuer geboren, doch gleichzeitig auch die Heroen, die im Kampf gegen sie Ruhm erwerben. Über diesem Geschehen stehen die Götter, die das Schicksal der Menschen bestimmen.

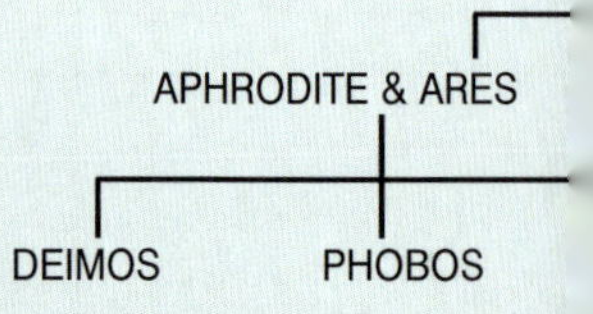

tter und Heroen

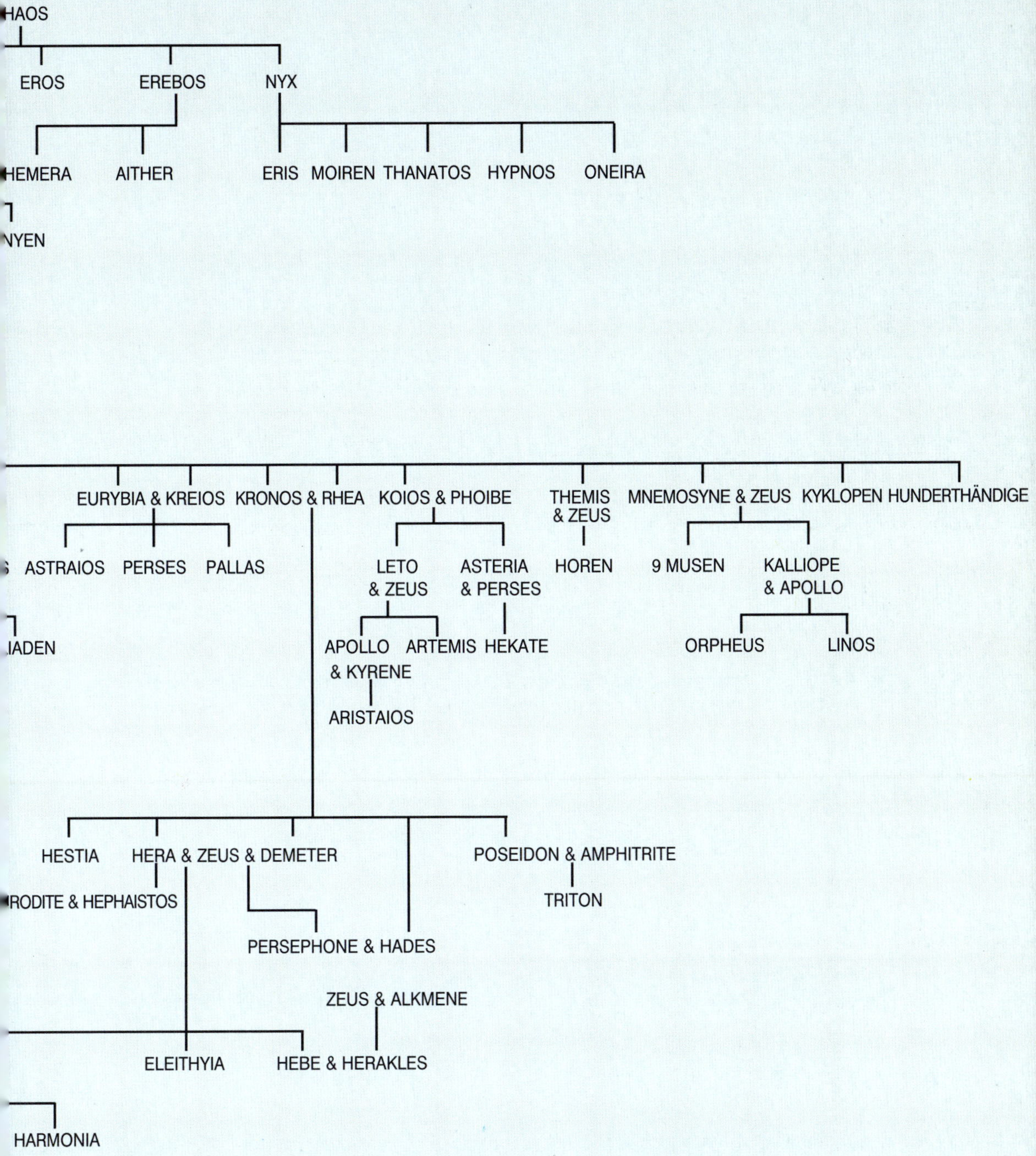

1. Kapitel

Weltentstehung

Mit ihrem klaren und beweglichen Geist hattten die antiken Griechen eine vollständige Ordnung der Dinge geschaffen, die sich im Einklang befand mit der Ordnung des unermesslichen Kosmos, der sie umgab. Wie auch die Menschen anderer, früher Kulturen beschäftigte sie der Ursprung und die Entstehung der Welt. Sie gaben den Kräften der Natur und den unerklärlichen Erscheinungen eine Erklärung, die ihnen vernünftig erschien. Sie blieben einer Gesetzmässigkeit treu, die aus der Achtung vor höheren Wesen stammte, die den Kosmos bestimmten und lenkten. Die Umgebung und die beängstigende Unermesslichkeit, die sie rings um sich sahen, veranlasste die ersten Menschen im griechischen Raum abstrakte Begriffe, Elemente der Natur und alles Schreckenerregende für Göttlich zu halten, von dem sie glaubten, dass es ihr Schicksal und ihr Überleben lenkte.

Die Gottheit aber, die in vorgeschichtlicher Zeit nicht nur in Griechenland, sondern fast bei allen frühen Völkern verehrt wurde, war die Erde. Der Mensch jener fernen Zeiten lebte auf ihr und ernährte sich von ihren Früchten. Für die mittelmeerischen Völker war die Göttin Erde zumeist mit der Göttin der Fruchtbarkeit identisch. Sie wurde in den frühesten Statuetten jener Zeit, die man auch in Griechenland fand, als weibliche Figur mit üppigen Brüsten und übermässig breiten Hüften dargestellt, welche die typischen Merkmalen der Fruchtbarkeit besass. Die Bebauung des Landes war eng mit dem religiösen Kult verbunden.

Nach der Darstellung der ältesten Götter, soll ihre

Entwicklung im griechischen Denken gezeigt werden. Das Szepter der Weltherrschaft geht durch wechselnde Hände, bis es die Stärksten festhalten. In dem Kampf mit den Titanen und den Giganten tritt ein jüngeres Göttergeschlecht in Erscheinung, das die Herrschaft erringt. Zugleich mit den Göttern unternimmt das Geschlecht der Menschen seine ersten unsicheren Schritte und entrichtet schon in den ersten Stunden eine Strafe für seine Schwäche, weil auch sein Schicksal von den Göttern bestimmt wird.

Die Darstellung beginnt mit den wichtigen Göttern und Göttinnen und erreicht schliesslich alle, die sich behaupten konnten und besser bekannt werden sollten.

Manche dieser Namen sind ohne besonderes Interesse, doch müssen sie erwähnt werden, weil von ihnen die wichtigsten Gestalten der folgenden Kapitel abstammen: Die Götter und Heroen der Griechen.

Die berühmte Terrakotta-Statuette der Göttin mit den Schlangen aus Knossos, 1600 v.Chr. (Iraklio, Museum).

DIE ÄLTESTEN GÖTTER

Am Anfang jedes Mythos und jeder Wahrheit von der Entstehung der Welt steht das Chaos, deshalb wurde schon zu Beginn des antiken Griechenlands das Chaos vergöttlicht. Aus dem Chaos wurden zuerst Erebos und Nyx (Nacht) geboren, deren Kinder der Äther und der Tag waren. Die düstere Nacht jedoch brachte den Tod, den Schlaf und die Träume hervor, die Moiren und auch die Hesperiden und Eris. Dann wurde die breite und feste Erde der Wohnsitz, an dem alles Leben entsprang. Der Himmel, der sie mit seiner Unermesslichkeit umgab, war anfangs der grösste Gott.

DIE TITANEN

Gaia war die grosse Gottheit der Kosmogonie. Sie vereinigte sich mit Uranos, dem Himmel. Aus dieser Vereinigung erwuchsen die Titanen: Okeanos und Tithys, Hyperion und Theia, Koios und Phoibe, Kreios, Iapetos, Kronos und Rhea.

Kronos und Rhea

Kronos war der einzige Sohn von Gaia und half ihr, sich an seinem Vater Uranos zu rächen. Er entmannte ihn und nahm dessen Platz ein. Er stürzte seine Geschwister, die Hundertarmigen und die Kyklopen, in den Tartaros. Dann nahm er seine Schwester Rhea zur Frau. Doch sollte nicht eines der Kinder am Leben bleiben, das sie ihm gebar. Seine Eltern hatten ihm nämlich prophezeit, dass eines von ihnen ihm die Macht entreissen würde. Der Vater frass deshalb alle seine Kinder sofort nach der Geburt. Nacheinander verschlang er Hestia, Demeter, Hera, Pluton (Hades) und Poseidon. Als Rhea aber mit Zeus schwanger war, floh sie nach Kreta und brachte das Kind dort heimlich zur Welt. Sie vertraute der Okeaniden Metis ihr Kind an und gab Kronos einen in Tücher gewickelten Stein, den er sofort verschluckte, weil er glaubte, dies wäre das Neugeborene. So wurde Zeus gerettet.

Rhea übergibt ihrem Gemahl und Bruder anstelle des neugeborenen Zeus einen eingewickelten Stein, 160 n.Chr. (Rom, Museo Capitolino).

Zeus schleudert seine Blitze nach den Titanen, den Geschwistern des Kronos, in seinem Kampf um Macht und Herrschaft. (Korfu, Achillio).

DER TITANENKAMPF

Als Zeus herangewachsen war, zwang er Kronos mit einem Zaubertrank, die Kinder, die er verschluckt hatte, wieder von sich zu geben. Gemeinsam befreiten sie die Zyklopen und die Hundertarmigen und erklärten Kronos den Krieg, der sich mit den Titanen, seinen Geschwistern, verbündete.

Nach der Schlacht mit den Titanen wurden Kronos und seine Geschwister in Ketten gelegt und in den Tartaros geworfen, wo die Hundertarmigen sie bewachten.

Atlas

Die neuen Machtverhältnisse hatte für manchen bittere Folgen. So wurde Atlas, der Sohn des Titanen Iapetos, für seine Teilnahme am Kampf der Titanen gegen Zeus sehr hart bestraft. Er wurde an den äussersten, westlichen Rand der Welt geschickt. Dort, an der Grenze zwischen Nacht und Chaos, bewachten die Hesperiden die goldenen Äpfel, wovon noch zu erzählen sein wird. Atlas musste für alle Zeiten hier ausharren und den Himmel über der Erde stützen, oder auch den Himmel und die Erde oder sogar die Achse der Welt tragen.

Atlas reicht Herakles, der kurze Zeit für ihn das Himmelsgewölbe auf den Schultern trägt, die goldenen Äpfel der Hesperiden. Athena stützt hilfreich mit ihrer Hand den Himmel. Metope vom Zeus-Tempel in Olympia, 470/460 v.Chr. (Olympia, archäologisches Museum).

Weil Atlas am Kampf der Giganten gegen Zeus teilnahm, trägt er zur Strafe die Welt, 180 n.Chr. (Neapel, Nationalmuseum).

DER GIGANTENKAMPF

Als Zeus die Titanen bestrafte, zürnte ihm Gaia, dass er einige ihrer Kinder so grausam behandelt hatte. Sie fühlte sich von den Göttern nicht genügend geachtet und brachte die Giganten zur Welt, die sie rächen sollten. Die Giganten waren Ungeheuer mit Schlangen an Stelle von Haaren, deren Körper in einem Drachenschwanz endete. Sie waren nicht nur ein entsetzlicher Anblick, sondern auch unbesiegbar. Gleich nach ihrer Geburt stürmten sie mit brennenden Fackeln, Felsbrocken und ausgerissenen Bäumen gegen den Olymp. Die Berge erzitterten, Sterne und Meer hatten sich in einen Abgrund verwandelt. Unter der Führung des blitzeschleudernden Zeus führten die olympischen Götter einen neuen Feldzug. Seine Gefährten hielten jeder Prüfung stand, denn Poseidon, Apollo, Hephaistos und die Moiren, Dionysos und sein Gefolge und andere standen auf seiner Seite. Die grosse Heldin war Athena, die während dieses Kampfes geboren wurde. In voller Rüstung sprang sie aus dem Haupt ihres Vaters Zeus. Sie tötete sofort den Giganten Pallas und kämpfte an der Seite ihres Vaters. Die Schlacht gegen die Giganten dauerte lange und hätte wohl niemals geendet, wenn sich nicht die Voraussage der Moiren erfüllt hätte und ein Sterblicher mit den Olympischen Götter für den Sieg gekämpft hätte. Herakles stellte sich auf die Seite der Olympischen Götter und nacheinander wurden die Giganten niedergemacht.

Unten: Kampf der Giganten. Links hat Athena den Giganten Alkyoneus an den Haaren gepackt. Seine Mutter Gaia fleht rechts um das Leben ihres Sohnes. Nike fliegt zu Athena, um sie zu bekränzen. Ostseite des grossen Frieses vom Pergamonaltar, 180 v.Chr. (Berlin, Pergamonmuseum). Gegenüberliegende Seite: Ein Gigant im Kampf mit einem Löwen. Nordseite des Frieses am Schatzhaus der Siphnier in Delphi, 525 v.Chr (Delphi, archäologisches Museum).

DAS MENSCHENGESCHLECHT

Da es in ältester Zeit nur die unsterblichen Götter gab und keine sterblichen Menschen auf der Erde lebten, beschlossen die Unsterblichen, Wesen zu schaffen, die auf ihr wohnen sollten. Zeus befahl Prometheus und Epimetheus, den beiden Söhne des Titanen Iapetos, den irdischen Wesen verschiedene Eigenschaften und Fähigkeiten zu verleihen. Epimetheus wollte, dass sein Bruder ihm diese Aufgabe überlasse. Er gab deshalb nun dem einen Lebewesen Schönheit, einem anderen Kraft, das eine machte er klein, aber schnell, ein anderes gross und klug. Eifrig schmückte, beschenkte und verteilte Epimetheus.

Da er aber nicht so klug war wie sein Bruder, vergab er alle Waffen und Fähigkeiten an die Tiere. Den Menschen liess er am Ende nackt und schutzlos und ohne natürliche Waffen.

Prometheus

Um diesen Missstand auszugleichen, stahl Prometheus, der ein Freund der Menschen war, von Athena die Klugheit, und gab ihnen Vernunft. Danach holte er das Feuer aus der Werkstatt des Hephaistos und schenkte es den Menschen. Seit jener Zeit kann sich der Mensch wärmen, lebt und arbeitet mit dem Feuer. Prometheus sorgte für das Menschengeschlecht und lehrte es sein ganzes Wissen. Zeus wurde jedoch zornig, dass er den Menschen so geholfen hatte, dass sie fast den Göttern glichen. Als er dann erfuhr, dass Prometheus ihnen das Feuer gebracht hatte, schleuderte er in seinem Zorn Blitze und donnerte. Denn das Feuer war ausschliesslich Besitz der Götter. Zeus strafte Prometheus sehr hart und liess ihn am Rande der Welt an den Gipfel des Kaukasos schmieden. Täglich kam ein Adler, der seine Leber frass, die in der Nacht aber nachwuchs und am nächsten Tag erneut von dem Adler gefressen wurde.

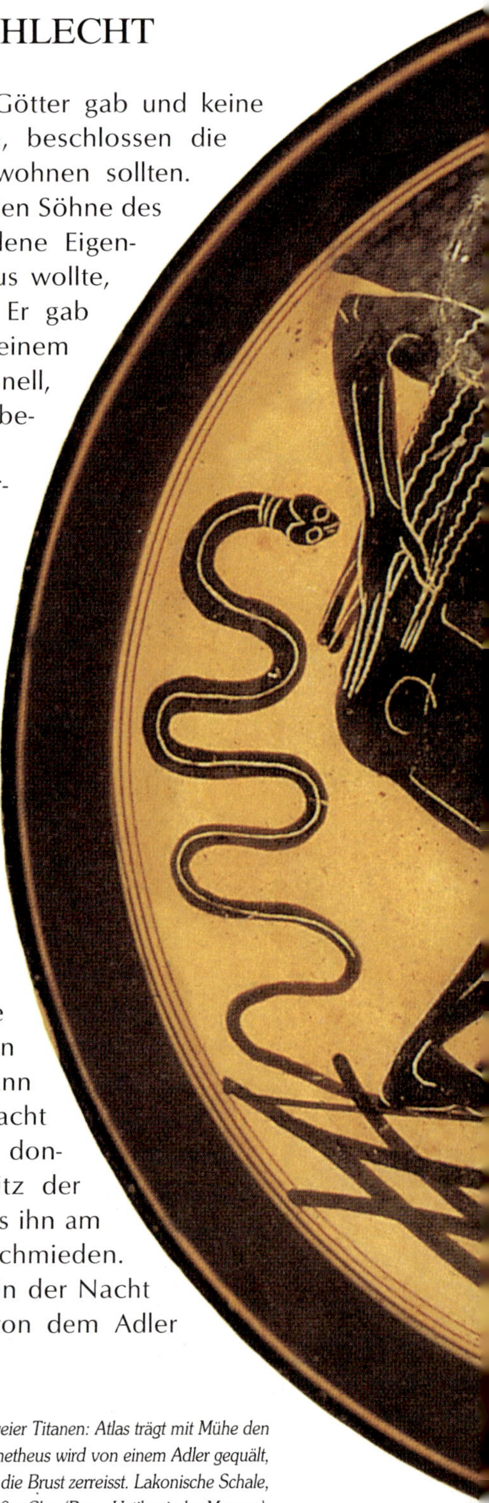

Die Leiden zweier Titanen: Atlas trägt mit Mühe den Himmel und Prometheus wird von einem Adler gequält, der ihm die Brust zerreisst. Lakonische Schale, 550 v.Chr. (Rom, Vatikanische Museen).

Prometheus wird von Zeus grausam bestraft, weil er den Menschen half. Der Vater der Götter und Menschen sorgte jedoch dafür, dass sein Sohn Herakles dreissig Jahren später dieses Leiden beendete. Herakles tötete den Adler und befreite Prometheus von den Fesseln.

Pandora

Hephaistos, der Schmied und Gott des Feuers, schuf in seiner Werkstatt die erste Frau, die ursprünglich eine Statue aus Metall war. Sie war aber so schön, dass Zeus beschloss, sie lebendig zu machen. Jeder Gott gab ihr ein Geschenk: Schönheit, Anmut, Klugheit, Geschicklichkeit, Überzeugungskraft.

Der listige Hermes legte aber die Lüge in sie und Hera gab ihr die Neugierde, die sie keine Minute ruhig bleiben liess.

Zeus schenkte Pandora dem Epimetheus, der von ihrer Schönheit bezaubert wurde und sie zur Frau nahm. Das Hochzeitsgeschenk der Götter war ein Kästchen, das mit Edelsteinen geschmückt und mit Gold verziert war. Dieses Kästchen war verschlossen. Zeus gab Pandora den Schlüssel und sagte, dass sie es nie öffnen dürfte, wenn sie glücklich leben wolle.

Epimetheus und Pandora lebten glücklich und zufrieden, doch die Neugierde, die Hera in die Seele der Frau gelegt hatte, wurde immer grösser. Schliesslich öffnete Pandora das Kästchen und alles Unglück und Missgeschick, das den Menschen treffen kann, kam nacheinander heraus. Krankheiten, Kümmernisse, Schmerzen und alle erdenklichen Leiden. Zuletzt kam die Hoffnung wie ein kleiner Vogel als ein Zeichen des Trostes für die Menschheit heraus.

Deukalion und Pyrrha

Im Laufe der Zeit wurden die Menschen immer schlechter. Sie handelten ungerecht und böse. Da beschloss Zeus, sie alle in einer Flut zu ertränken. In dem unaufhörlichen Regen versanken alle Städte. Um aber das Menschengeschlecht zu erhalten, wählte er Deukalion und Pyrrha aus, die einzigen Guten. Sie retteten sich in einem hölzernen Kasten und opferten den Göttern als Dank für ihre Errettung.

Sie verhüllten ihre Gesichter und warfen, ohne sich umzublicken, im Gehen Steine hinter sich. Aus den Steinen, die Deukalion hinter sich warf wurden Männer, aus denen, die Pyrrha warf, Frauen. Das Paar bekam auch eigene Kinder, die als Kinder des Zeus galten. Unter ihnen war auch Hellen, der als der Stammvater der Hellenen galt.

Die Geburt der Pandora.
(Volutenkrater, 440 v.Chr., Oxford).

Links Deukalion und Pyrrha, neben ihnen die schmiedenden Kyklopen.
Sarkophag, 3. Jh. v.Chr.

2. Kapitel

Die Götter

Die ältesten, schon erwähnten Götter entsprachen zu einem bestimmten Zeitpunkt nicht mehr dem Vorstellungsvermögen und dem religiösen Gefühl. Die Menschen verlangten nach tatkräftigeren Gottheiten, die sie im Alltag begleiteten und zu jedem Konflikt Stellung bezogen. Auf diese Weise entwickelten sich die siegreichen Olympier in den Vorstellungen und wurden in dem religiösen Kult vorherrschend. Sie waren mächtig und gleichzeitig anfällig für menschliche Schwächen und lenkten die Schicksale und das Leben der Menschen, die sie liebten und hassten. Sie waren schön und herrlich und jeder von ihnen war in seinem Element der Gegenstand von jahrhundertelanger Verehrung. Diese Götter besassen alle menschlichen Stärken und Schwächen. Sie waren Rächer, aber auch überraschend grosszügig. Die materiellen Opfer der Gläubigen befriedigten sie und stimmten sie gnädig.

Jede Tätigkeit und jedes gesellschaftliches Bedürfnis war mit dem Kult eines Gottes verbunden: Vom Feldbau bis zur Wissenschaft, von den Künsten bis zur Jagd, von der Tapferkeit im Krieg bis zur Liebe. Und darunter befanden sich auch Götter, die weniger erhaben und unterhaltsamer sind, gute Laune schufen und dafür sorgten, dass das Leben auch die notwendige Freude erhielt, im Rahmen religiöser Feiern des Dionysos, des Pan und der Aphrodite.

Anschliessend sollen die Götter dargestellt werden, die das Pantheon der Olympier bilden und auch die kleineren Gottheiten erwähnt werden, die ebenfalls sehr interessant sind. Es schliessen sich weitere, noch niedriger stehende Gottheiten an, da die griechische Mythologie alle Begriffe und menschlichen Bedürfnisse personifizierte.

Rekonstruktion der Goldelfenbeinstatue des Zeus, die wegen ihrer Kunstfertigkeit und Pracht als eines der sieben Weltwunder des Altertums galt.

Die olympi

Als die zwölf olympischen Götter Himmel und Erde in Besitz genommen hatten, teilten sie auf Wunsch des Zeus Macht und Würden unter sich. IhrWohnsitz war der Olymp, der höchste Berg Griechenlands, doch immer wieder stiegen sie zu den Menschen herab, um ihnen zu helfen, sie zu strafen und in ihr Schicksal einzugreifen, aber auch, um sich mit ihnen zu vereinigen und Kinder zu erzeugen. Die Kinder eines Gottes und eines Menschen galten als Halbgötter und besassen aussergewöhnliche Eigenschaften. Sie vollbrachten zahlreiche heroische Taten und wurden von allen bewundert. Die Götter speisten Ambrosia und tranken Nektar, ein Getränk, das ihnen vorbehalten war. Sie nahmen aber die Weihegaben und Opfer der Menschen an, die für sie Tiere schlachteten und verbrannten oder Früchte der Erde opferten. Sie hielten sich an die

schen Götter

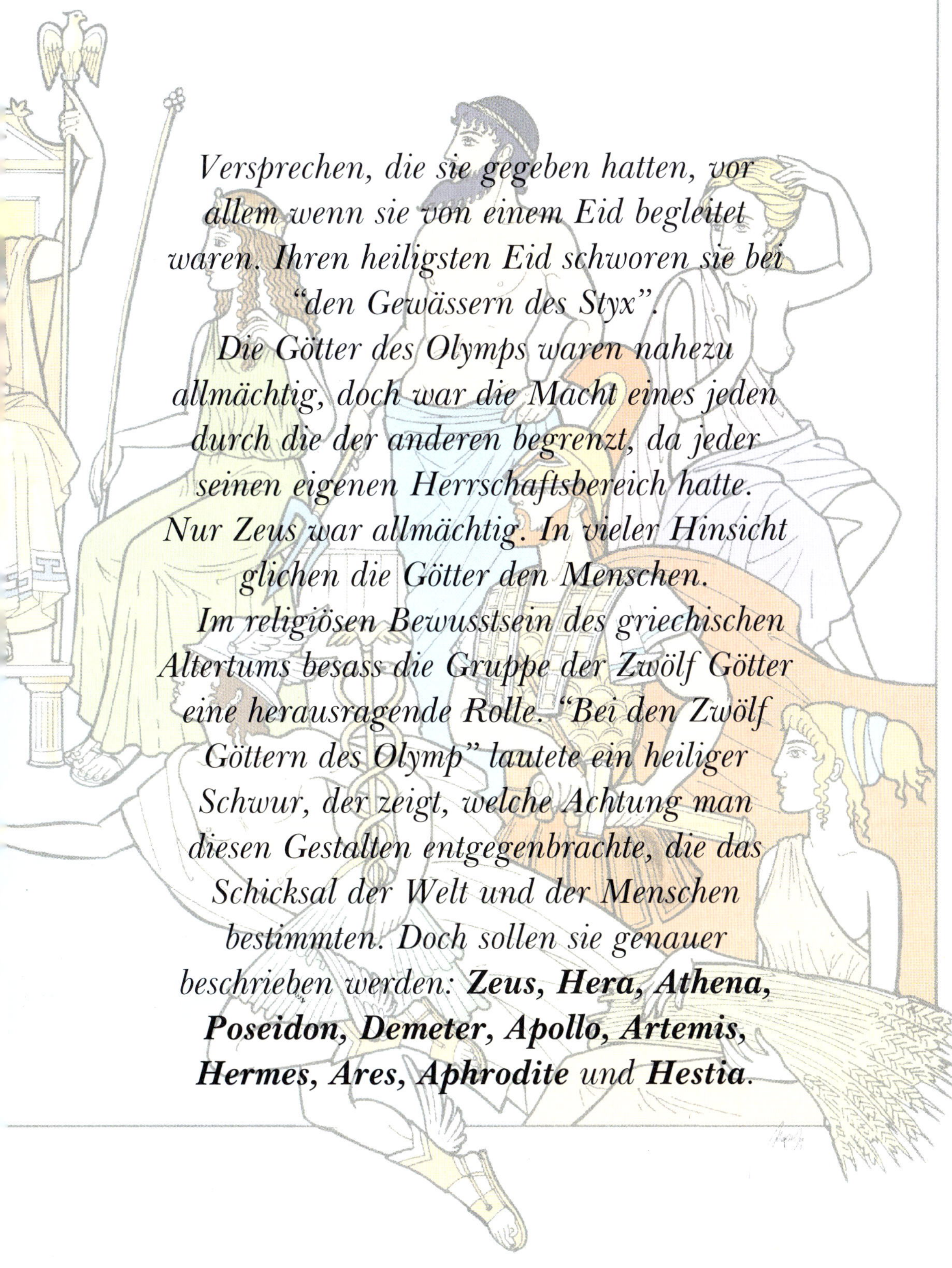

Versprechen, die sie gegeben hatten, vor allem wenn sie von einem Eid begleitet waren. Ihren heiligsten Eid schworen sie bei "den Gewässern des Styx".

Die Götter des Olymps waren nahezu allmächtig, doch war die Macht eines jeden durch die der anderen begrenzt, da jeder seinen eigenen Herrschaftsbereich hatte. Nur Zeus war allmächtig. In vieler Hinsicht glichen die Götter den Menschen.

Im religiösen Bewusstsein des griechischen Altertums besass die Gruppe der Zwölf Götter eine herausragende Rolle. "Bei den Zwölf Göttern des Olymp" lautete ein heiliger Schwur, der zeigt, welche Achtung man diesen Gestalten entgegenbrachte, die das Schicksal der Welt und der Menschen bestimmten. Doch sollen sie genauer beschrieben werden: ***Zeus, Hera, Athena, Poseidon, Demeter, Apollo, Artemis, Hermes, Ares, Aphrodite*** *und* ***Hestia****.*

ZEUS, *Herrscher über Himmel und Erde, der Vater der Götter und Menschen*

Zeus, der mächtigste der unsterblichen Götter, wurde von seiner Mutter Rhea sofort nach der Geburt in der Idäischen und der Diktäischen Höhle versteckt, wo er mit der Milch der Ziege Amalthea ernährt und von Nymphen betreut wurde.

Seine Waffe war der Blitz und seine Herrschaft erstreckte sich über Himmel und Erde. Die rechtmässige und ewige Gemahlin des Zeus war Hera, die ihm im Leben und bei allen seinen Taten eine beständige und treue Gefährtin war. Ihre Kinder waren Ares, Hebe, Eileithyia und Hephaistos. Unzählig waren aber die Liebschaften des Zeus mit Göttinnen und Sterblichen, die immer wieder die Eifersucht Heras hervorriefen. Aus diesen Verbindungen erwuchsen dem Zeus weitere Kinder, Götter, Halbgötter und Heroen. Alle seine Kinder liebte und beschützte er, häufig waren sie auch Gegenstand der Eifersucht von Hera. Zeus war der Gott der ausgleichenden Gerechtigkeit. Er strafte nicht nur und rächte, sondern linderte auch den Schmerz und war immer bemüht, Unglücklichen beizustehen und Gerechtigkeit zu üben. Herrscher, die gerecht regierten, wurden im Altertum mit Zeus verglichen.

Mit göttlicher Kraft erhebt Zeus seine schreckliche Waffe, den Blitz, zum Wurf. Bronzestatuette aus Dodona, 470 v.Chr. (Athen, Nationalmuseum).

Zeus bringt Ganymed, dessen Schönheit ihn bezauberte, auf den Olymp. Terrakottagruppe, 480 v.Chr. (Olympia, archäologisches Museum).

Zeus und Europa

Neben anderen jungen Mädchen liebte Zeus auch die schöne Europa, die Tochter von Agenagoras und Telephassa. Einst spielte das Mädchen mit Freundinnen am Strand von Sidon. Ihre Anmut erweckte die Liebe des Vaters der Götter und Menschen. Um sich Europa nähern zu können, verwandelte er sich in einen schneeweissen Stier. Er lief zu ihr und legte sich zu ihren Füssen nieder.

Europa schöpfte Mut und spielte mit dem Stier. Als sich dann das Mädchen auf seinem Rücken niedergesetzt hatte, erhob sich das weisse Tier und stürmte zum Meer. Vergeblich rief Europa um Hilfe. Der Stier begann zu schwimmen und entfernte sich immer weiter von der Küste.

Europa klammerte sich an den Hörnern fest, um nicht herabzufallen. Schliesslich erreichten sie Kreta. An der Quelle von Gortyn, im Schatten der Platanen, vereinigte sich das Paar. Seit jener Zeit werfen diese Bäume niemals ihre Blätter ab, denn sie beschatteten die Liebe eines Gottes. Von Zeus und Europa stammten drei Söhne: der legendäre Minos, der tapfere Sarpedon und der gerechte Radamanthys.

Der Raub der Europa. Mosaik aus dem "Haus der Europa", 3. Jh. n.Chr. (Kos).

HERA, *Beschützerin der Familie und der verheirateten Frauen*

Hera, die ehrwürdige Gemahlin des Zeus, war die Göttin, unter deren Schutz die Ehe und die verheirateten Frauen standen. Ihre Beziehung zu Zeus hatte lange vor ihrer Hochzeit begonnen und sie trafen sich heimlich ohne Wissen ihrer Eltern. Als die Olympischen Götter die Macht ergriffen hatten und Zeus ihr Oberhaupt geworden war, fand die Hochzeit mit Hera statt. In vielen mythischen Erzählungen greift Hera ein, neben ihren eigenen Kindern zieht sie viele andere auf, bestraft die Untreue und rächt sich grausam an den Geliebten ihres Gemahls.

Kopf der Hera, 420 v.Chr. (Athen, Nationalmuseum).

Zeus und Hera. Die beiden Gottheiten halten Szepter und sprechen miteinander. Der bekränzte Zeus hält auch eine Schale. Trinkschale, um 430 v.Chr. (London, Britisches Museum).

ATHENA, *Göttin der Weisheit*

Nach dem Sieg der Olympischen Götter über die Titanen vereinigte sich Zeus mit Metis, einer Tochter des Okeanos und der Tithys. Uranos und Gaia hatten ihm geweissagt, dass aus dieser Verbindung erst Athena entspringen würde, die ihm an Tapferkeit und Weisheit gleichen werde, danach aber ein Sohn, der klüger wäre als er und eines Tages seinen Thron in Gefahr brächte. Um dieser Gefahr zu entgehen, verschluckte Zeus die Metis. Doch als der Zeitpunkt heranrückte, an dem Athena geboren werden sollte, befahl Zeus dem Prometheus (nach anderer Überlieferung dem Hephaistos) ihm den Kopf mit einem Beil zu spalten. Mit Erstaunen sahen alle anwesenden Götter, wie aus dem Haupt des Zeus die bewaffnete Athena entsprang, die ihre Lanze schwang.

In der Schlacht gegen die Giganten hatte die neue Göttin ihren Platz neben ihrem Vater und besiegte Enkelados, den sie zu Boden schleuderte und ganz Sizilien auf ihn warf. Sie war zwar eine kriegerische Göttin, doch nicht kriegslüstern. Sie war weise und klug und half Helden wie Perseus, Achill und Odysseus und anderen, doch hatte ihre Zuneigung nichts Erotisches. Athena hatte ebenso wie Artemis beschlossen, niemals zu heiraten und ihre Jungfräulichkeit zu bewahren.

Die Überlieferung berichtet, dass Poseidon eines Tages mit Athena in Streit geriet, wem die Stadt Athen gehören sollte und wessen Namen sie tragen sollte.

Schliesslich wurde entschieden, dass jeder der Stadt ein Geschenk machen sollte. Sieger wäre der, dessen Geschenk die anderen Götter für das wertvollste hielten.

Poseidon stiess auf der Akropolis seinen Dreizack in den Felsen und sofort sprang Wasser aus dem Boden. Athena ihrerseits stampfte mit dem Fuss auf und ein Ölbaum wuchs hervor, der erste auf der Welt, ein heiliger Baum, der seit ältester Zeit den Frieden symbolisiert. Da die Götter Athena zur Siegerin erklärten, erhielt die Stadt ihren Namen und stand unter ihrem Schutz.

Athena "Varvaki", römische Kopie der Goldelfenbeinstatue der Göttin, die im Parthenon stand und ein Werk des Bildhauers Phidias war.

Reliefdarstellung der Athena, die auch als "nachdenkende Athena" bezeichnet wird. Die Göttin trägt den gegürteten, dorischen Peplos und einen Helm, doch ist sie barfuss. Um 460 v.Chr. (Athen, Akropolismuseum).

Der mächtige "Poseidon von Kap Artemision", Bronzestatue, 460 v.Chr. (Athen, Nationalmuseum).

POSEIDON, *Gott des Meeres*

Poseidon, der Gott des Meeres, gilt als einer der ehrwürdigsten olympischen Götter, weil er mit Zeus und Hera zu den ältesten gehört. Sein Reich sind die Ozeane und Meere. Er durchquert es auf einem goldenen Wagen, wobei ihn die Wogen nicht benetzen. Delphine spielen um ihn.

Poseidon liebte zahlreiche Göttinnen und sterbliche Frauen, mit denen er eine grosse Nachkommenschaft erzeugte. Zu ihnen gehörten Triton, der Sohn von Amphitrite, Polyphem, der Sohn von Thoosa, Antaios von Gaia und andere. Da er die Erde umgab und häufig erschütterte, hiess er auch "Erderschütterer", "Welterschütterer" und "Meeresbeherrscher".

Mosaikfussboden. Poseidon besiegt den Giganten Polybotes.

APOLLO *oder Phoibos,*
Gott des Lichtes, der Musik und der Wahrsagekunst

Kopf des Apollo aus dem Westgiebel des Zeus-Tempels in Olympia, vor 457 v.Chr. (Olympia, archäologisches Museum).

Apollo gehört zur zweiten Generation der olympischen Götter, da er, wie seine Schwester Artemis, ein Kind von Zeus und Leto ist. Als Leto schwanger war und von Hera verfolgt wurde, suchte sie vergeblich einen Ort, um ihre Kinder zur Welt zu bringen. Aus Furcht vor dem Zorn der Königin der Götter wurde sie nirgends geduldet. Schliesslich bot ihr die unfruchtbare Insel Delos Zuflucht, die bis dahin Ortygia geheissen hatte. Hier brachte sie die Zwillinge Apollo und Artemis zur Welt. Die Insel und die ganze Welt strahlten, als der Gott des Lichtes, der Weissagung und der Musik das Tageslicht erblickte.

Als er herangewachsen war, vollbrachte er zahlreiche Heldentaten. Er befreite Delphi von dem Drachen Python, den er mit seinen Pfeilen tötete. Er erhielt deshalb den Beinamen Pythischer Apollo; die Pythischen Wettkämpfe in Delphi und die Priesterin Pythia waren nach ihm benannt. Die Pythia sass im Heiligtum des Gottes auf dem heiligen Dreifuss des Apollo und verkündete Orakelsprüche. Apollo war ein schöner Gott von grosser Gestalt mit üppigem Haar. Er erlebte viele Liebesabenteuer mit Nymphen und Sterblichen.

Ausser seiner Verbindung zu Musik, Dichtung und der Kunst des Wahrsagens war Apollo auch ein kriegerischer Gott, der mit den Pfeilen seines Bogens immer ins Ziel traf. In Heiligtümern und Orakelstätten verehrten ihn die Menschen besonders mit Wettkämpfen und Opfern.

Apollo verfolgt Daphne, die Tochter des Flussgottes Peneios. Daphne hat ihren Vater erreicht und wird in den Lorbeerbaum verwandelt. Mosaik.

Der Gott Apollo,
bekränzt und mit Lyra, beim
Trankopfer. Schaleninnenseite,
490 v.Chr. (Delphi,
archäologisches Museum).

ARTEMIS, *Göttin des Mondes und der Jagd*

Artemis wurde als Tochter von Zeus und Leto am gleichen Tag wie ihr Bruder Apollo geboren. Sie war die Göttin der Jagd und des Mondes. Schon als kleines Mädchen bat sie Zeus, unverheiratet bleiben zu dürfen. Mit Pfeil und Bogen streifte sie durch die Wälder. Ihre Begleiter waren Rehe und ihre geliebten Steinböcke. Artemis kämpfte in der Schlacht gegen die Giganten und tötete mit Hilfe von Herakles den Giganten Grationas.

Sie war eine Göttin der Rache und strafte jeden, der ihr keine Achtung erwies. Sie schützte Jäger und unschuldige Menschen. Bekannt ist, wie sie sich mit Apollo an Niobe, der Tochter des Tantalos, rächte. Niobe hatte sich gerühmt, vierzehn Kinder zur Welt gebracht zu haben und Leto nur zwei. Für die Beleidigung ihrer Mutter bestraften die beiden Götter sie und töteten alle ihre Kinder. Apollo erschoss mit seinen Pfeilen die Söhne, Artemis die Töchter.

Artemis in der Götterversammlung. Ausschnitt aus dem Ostfries des Parthenon, 447-432 v.Chr. (Athen, Akropolismuseum).

Die Göttin Artemis, 2. Hälfte 2. Jh. v.Chr. (Kos, Museum).

DEMETER, *Göttin des Ackerbaus*

Demeter war die Göttin der Fruchtbarkeit, die mütterliche Gottheit der Erde, die den Ackerbau und vor allem das Getreide beschützte. Sie galt auch als kosmogonische Göttin und die Welt verdankte Demeter und ihrer Fürsorge alle Blüten und Früchte. Die Göttin hatte eine enge Beziehung zu ihrer Tochter Persephone, die sie dem Zeus gebar. Meist wurden Mutter und Tochter gemeinsam genannt. Bekannt ist der Mythos vom Raub der Persephone durch Pluto, den Gott der Unterwelt.

Der Raub der Persephone

Persephone, die einzige Tochter der Göttin, lebte glücklich mit ihrer Mutter und den anderen Gottheiten. Doch der Unterweltsgott Pluto, der sich in sie verliebt hatte, raubte sie. Als das Mädchen einst auf einer Wiese Narzissen pflückte, öffnete sich die Erde und Hades holte sie zu sich in die Unterwelt hinunter. Nach dem Verschwinden ihrer Tochter, machte sich Demeter auf die Suche nach ihr. Voll Kummer und Trauer wanderte sie Tag und Nacht durch die Welt. Die Erde wurde unfruchtbar, die Felder wurden nicht bestellt, nichts blühte, kein Gewächs trug Frucht und die Menschen litten Mangel. Da befahl Zeus dem Hades, Persephone zurückzugeben, denn Demeter hatte gedroht, nie mehr etwas auf der Erde wachsen zu lassen. Pluto war bereit, seine Gemahlin wieder zu ihrer Mutter in die Oberwelt hinaufzuführen, doch gab er ihr listigerweise den Kern eines Granatapfels zu essen, durch den Persephone an die Unterwelt gebunden blieb. Mit Pluto wurde deshalb vereinbart, dass Persephone acht Monate im Jahr bei ihrer Mutter in der Oberwelt verbringen sollte und vier Monate bei ihrem Gemahl Hades in der Unterwelt. Auch Demeter war einverstanden und in kürzester Zeit wuchs wieder Gras auf der Erde, die Bäume trugen Blätter, die Erde trieb alle Arten von Pflanzen hervor und war fruchtbar. Seit jener Zeit ist die Erde acht Monate grün und fruchtbar. In den vier Monaten, in denen die Göttin von ihrer Tochter getrennt war, erschien alles wie tot.

Links: Der Gott Hades sät auf dem Feld, das Demeter gepflügt hat. Nach einer Überlieferung musste der Gott der Unterwelt die Saat aufnehmen, um eine gute Ernte zu sichern. Rotfigurige Pelike, 430-420 v.Chr. (Athen, Nationalmuseum).

Rechts: Weihrelief aus Ton mit Darstellungen aus den eleusinischen Mysterien, 4. Jh. v.Chr. (Athen, Nationalmuseum).

Die griechische Mythologie inspirierte den Maler Sandro Botticelli für sein Gemälde "Die Geburt des Venus". Um 1485 (Florenz, Uffizien).

APHRODITE,
Göttin der Schönheit und der Liebe

Von der Geburt der Göttin der Liebe und der Schönheit berichten zwei verschiedene Überlieferungen. Die erste, bereits erwähnte, erzählt, dass sie die Tochter von Zeus und Dione war. Die andere berichtet, dass sie aus dem Samen des Gottes Uranos hervorging, als Kronos seinem Vater das Geschlechtsorgan abgeschnitten hatte, das ins Meer fiel.

Aphrodite schützte die Liebe und jeden Liebenden. Ihre Lieblingsbeschäftigung war es, die Götter dazu zu bringen, sich in Sterbliche zu verlieben. Es gefiel ihr, Ränken zu schmieden und das Netz der Liebe über die Götter, vor allem über Zeus, zu werfen, der sich immer wieder in Liebesaffären verstrickte.

Sie selbst stand ihm jedoch nicht nach. Obwohl sie mit dem hinkenden Gott Hephaistos verheiratet war, hatte sie Liebesbeziehungen zu Ares. In der Odyssee erzählt Homer einen pikanten Vorfall. Aus der Verbindung mit Ares entstammten Eros, Deimos, Phobos und Harmonia. Aphrodite liebte Rosen und Myrten, ihr Wagen wurde von einem Paar Tauben gezogen, die ihre Lieblingstiere waren.

Marmorkopf der Aphrodite. Arbeit eines griechischen Bildhauers, der auf Zypern tätig war. Aus dem Gymnasium von Salamis, Anfang 4. Jh. v.Chr.

Die Venus von Milo, 2. Jh. v.Chr. (Paris, Louvre).

Rechts: Der Gott Pan versucht die nackte Aphrodite zu umarmen, die sich mit ihrer Sandale zur Wehr setzt. Dazwischen der lachende Eros, 100 v.Chr. (Athen, Nationalmuseum).

HERMES,

Götterbote, Gott des Handels und der Wahrsagerei, Seelenführer

Hermes war der Sohn von Zeus und Maia, einer wunderschönen Pleiade. Schon als kleines Kind war er listig und schlau, denn er lag noch in den Windeln, als er die Rinder seines Bruders Apollo stahl und sie so gut versteckte, dass dieser sie nur mit Hilfe seiner Wahrsagekunst fand. Vielleicht wäre ihm dies ohne die Hilfe des gerechten Zeus nicht gelungen. Der Zwischenfall nahm ein friedliches Ende und die Brüder schlossen wieder Frieden, als Hermes ihm die Lyra schenkte, die er aus dem Panzer einer Schildkröte gebaut hatte. Apollo überliess seinem Bruder die Rinder und lehrte ihn ausserdem die Wahrsagekunst. Hermes ist der Gott des Handels, des Diebstahls und der Bote der Götter. Er hatte an seinem Helm und seinen Sandalen Flügel und hielt einen Stab. Er überbrachte nicht nur alle Botschaften des Zeus, sondern führte auch die Seelen in den Hades.

Weissgrundige Lekythos, die eine Verstorbene (auf der Abbildung nicht zu sehen), Charon und Hermes zeigt. Dieses Werk stammt von einem sehr bedeutenden Maler aus der Parthenonzeit, dem Höhepunkt der Klassik. (Nationalmuseum).

Hermes und der junge Dionysos. Statue des Praxiteles, 330 v.Chr. (Olympia, archäologisches Museum).

ARES, *Gott des Krieges*

Der kriegsliebende Gott Ares wurde immer kampfbereit mit Helm und Rüstung dargestellt. In jedem Kampf oder Blutvergiessen, bei jeder bewaffneten Auseinandersetzung ist Ares anwesend. Er wurde deshalb nur selten kultisch verehrt, auch werden keine Städte genannt, deren Schutzgott er war. Er wurde als Sohn des Zeus und der Hera geboren, doch lag er oft im Streit mit den anderen Göttern und selbst seinem Vater Zeus. In Theben verehrte man ihn als den Stammvater des Königshauses, da Harmonia, die Frau des thebanischen Königs Kadmos, seine Tochter von Aphrodite war.

Kinder des Ares waren Kyknos, Diomedes in Thrakien, der menschenfressende Pferde besass, Lykaon, Meleagros, Dryantas und Oinomaos gehörten.

Kastor, Ares und Polydeukes (nach anderer Deutung Poseidon, Ares und Hermes) wehren vier Giganten ab (Rotfigurige Pelike, 400 - 300 v. Chr., Athen Nationalmuseum).

HEPHAISTOS, *Gott des Feuers und des Handwerks*

Hephaistos, der Sohn von Zeus und Hera, war der Gott des Feuers, des Schmiedehandwerks und der Kunst. Er schuf nicht nur Schmuck und andere kleine Meisterwerke, sondern Szepter und Throne, Amphoren und goldene Roboter. Auf Bitten von Thetis fertigte er die Rüstung des Achill und schmückte den Schild mit einer berühmten Darstellung.

Seine Werkstatt hatte er auf Lemnos, aber jeder Vulkan und jedes Feuer waren ihm heilig. Wie jeder Schmied, der mit dem grossen Hammer den ganzen Tag am Amboss steht, hatte er sehr kräftige Arme, doch waren seine Beine schwächlich. Hephaistos hinkte zudem, wofür es zwei Erklärungen gibt. Einst soll Hephaistos bei einem Streit zwischen Zeus und Hera seine Mutter unterstützt haben, worauf ihn der Vater wütend am Fuss packte und vom Olymp herabwarf. Ein thrakischer Volksstamm, die Sintioi, der nach Lemnos ausgewandert war (dort war er auf die Erde gefallen), pflegte ihn gesund, doch hinkte er seitdem. Die andere Überlieferung besagt, dass Hephaistos hinkendgeboren wurde und Hera aus Scham beschloss, seine Geburt geheim zu halten und ihn vom Olymp warf. Er fiel in den Ozean, aus dem ihn Thetis und Eurynome retteten und ihn in einer Grotte am Meer aufzogen.

Obwohl Hephaistos hässlich war, soll er schöne Frauen gehabt haben. Ausser Aphrodite werden auch Chare (die Personifikation der Schönheit) und Aglaia, die jüngste der drei Chariten, genannt.

Die Rückkehr des Hephaistos in den Olymp. Hephaistos ist mit Tierbeinen dargestellt, da er als Handwerker kein schöner Gott war. Ionische Hydria, um 525 v.Chr. (Wien, Kunstmuseum).

HESTIA, *Göttin des häuslichen Friedens*

Die Göttin Hestia personifiziert den häuslichen Herd. Als erstgeborene Tochter von Kronos und Rhea, bat sie ihren Bruder Zeus, ihre Reinheit zu schützen, obwohl Poseidon und Apollo sie zur Frau nehmen wollten. Ihr stilles Leben und ihr fester Platz auf dem Olymp sind der Grund, dass Hestia nicht wie die anderen Götter in Abenteuer verwickelt wurde.

Hestia, die Göttin des häuslichen Friedens, trägt einen Zweig mit Früchten. Ganymed, der Liebling des Zeus, füllt ihren Becher mit Wein. Zeus hält seinen Blitz.

KLEINERE GÖTTER

Neben den zwölf Göttern des Olymps gab es weitere Götter, die ebenso häufig verehrt wurden wie jene, nur ihren Wohnsitz nicht auf dem Olymp hatten. Manchmal waren sie auch Kinder eines Gottes und einer Sterblichen wie Asklepios. Der Kult dieser Götter ist vor allem deswegen interessant, weil er häufig mit einer Lebensweise, einer Kulthandlung und der Kultur jener Zeit identisch ist.

Der Gott Dionysos auf einem Mosaik aus Paphos. Der Gott des Weines sitzt auf einem Hocker und bietet eine Weintraube an. (Haus des Dionysos, Paphos).

Dionysos, *Gott des Weines und des Rausches*

Semele war eine Tochter des thebanischen Königs Kadmos. Zeus verliebte sich in sie, weil sie wunderschön war. Doch blieb diese Beziehung der eifersüchtigen Hera nicht verborgen. In böser Absicht sagte sie zu Semele, sie müsse, um Gemahlin des Zeus zu heissen, Zeus in seiner ganzen Grösse wie Hera am Tage ihrer Hochzeit sehen. Zeus wollte Semele umstimmen, doch die von Hera getäuschte Semele bestand auf diesem Gunstbeweis. Als Zeus einwilligte und in ihren Gemächern auf seinem Wagen unter Blitz und Donner erschien und einen Blitz schleuderte, begann der Palast zu brennen und Semele starb vom Blitz getroffen oder vielleicht auch aus Angst.

In ihrem Leib trug sie seit sechs Monaten Dionysos. Zum Schutze des Kindes liess Gaia augenblicklich frischen Efeu aufspriessen, der es vor den Flammen bewahrte. Zeus nahm das ungeborene Kind an sich und schnitt sich eine Öffnung in den Schenkel, in die er das Kind legte. Diese verschloss er wieder und schützte damit das Ungeborene vor der Eifersucht Heras. Als der Tag der Geburt kam, schnitt der Vater die Nähte auf und brachte seinen Sohn Dionysos ans Tageslicht, der auch Feuergeborener, Schenkelgenährter und Zweimalgeborener genannt wurde.

Ständig verfolgte ihn aber der Zorn Heras, bis er wahnsinnig umherirrte. Rhea heilte ihn, dann setzte er seine Wanderung fort. Überall verbreitete er den Anbau des Weins und die Kulte, die mit ihm verbunden waren.

Dionysos ist der Gott des Weines, der Vegetation und der Fruchtbarkeit des Weinstockes. Der dionysische Glaube ist mit

Dionysos und Mänade.

Rechts: Dionysos und Ariadne auf einem Bronzekrater, 350-330 v.Chr (Thessaloniki, archäologisches Museum).

dem Wein und dem Tanz verbunden, er lässt die Menschen dem Alltag entfliehen. Die Orgien des Dionysos waren Feiern mit religiösen Zeremonien und heiligen Handlungen. Bei diesen Festen wurde der Dithyrambos gesungen, das Kultlied des Dionysos.

Nymphen, Silene, Satyrn und Mänaden waren die Begleitung des Dionysos. Die menschengestaltigen Silene hatten Pferdefüsse und -schwänze, die den Nymphen auflauerten, sie jagten und in Grotten liebten. Die Mänaden oder Bakchen waren Frauen, die den ekstatischen Geist der Natur verkörperten.

*Der Triumph des Dionysos.
Der Gott, dessen zweirädriger Wagen von Panthern gezogen wird, kehrt mit seinem Gefolge aus Indien zurück.
Mosaik aus dem "Haus des Dionysos" in Paphos, Zypern.*

Asklepios, *Gott der Heilkunst*

Asklepios war ein Heros, doch zugleich auch der Gott der Heilkunst. Der Sohn von Apollo und Koronis oder, nach anderer Überlieferung, der Arsinoe, wurde wie alle bedeutenden Männer seiner Zeit von dem Kentauren Chiron erzogen. Der weise Kentaur lehrte ihn die Heilkunst, in der Asklepios grosse Meisterschaft erlangte. Seine Frau war Epione. Mit ihr hatte er die Söhne Podaleirios und Machaonas, die beide Ärzte waren, und die fünf Töchter Akeso, Iaso, Panakeia, Aigle und Hygieia. Nach dem Tode wurde Asklepios in das Sternbild des Schlangenträgers verwandelt.

Statue des Asklepios aus römischer Zeit (Rhodos, Museum).

Mosaik mit der Ankunft des Asklepios auf Kos (2.-3. Jh. n.Chr.)

Hygieia, die wichtigste Tochter des Asklepios, ist eine Personifikation der seelischen und körperlichen Gesundheit. Sie wird deshalb in keinem Mythos eigens erwähnt. Sie gehörte zum Gefolge des Asklepios und wurde mit ihm verehrt.

Die Nachkommen des Asklepios, deren berühmtester Hippokrates war, wurden Asklepiaden genannt und übten die Heilkunst aus.

Iris,
Botin der Götter

Iris, die aus dem Geschlecht des Okeanos stammte, war die Tochter des Thaumantas und der Elektra. Sie verkörpert den Regenbogen mit seinen Farben und ist ein Symbol der Verbindung von Himmel (Uranos) und Erde (Gaia). Als eine geflügelte Gottheit mit einem luftigen Schleier steht sie, wie Hermes, als Botin im Dienste des Zeus und überbringt die Botschaften und Befehle der Götter.

Statue der Göttin Hygieia mit einer Schlange. Zu Füssen der Göttin ein kleiner Eros. Die Statue wurde in dem Haus mit dem Mosaik der Europa gefunden, 2. Jh. n.Chr. (Kos, Museum).

Der Sonnengott Helios.
Auch der berühmte Koloss von Rhodos, eines der sieben Weltwunder des Altertums, war eine Darstellung des Helios.

Helios, *Gott des Lichtes*

Helios war der älteste der Olympischen Götter. Als Sohn des Titanen Hyperion und der Titanin Theia stammte er von Uranos und Gaia ab. Seine Geschwister waren Eos (Auge) und Okeanos. Viele seiner Kinder wurden berühmt: Die Zauberin Kirke, Aietes, der König von Kolchis, Pasiphae, die Frau des kretischen Königs Minos und Perses.

Helios wird als schöner Mann mit goldenem Haar dargestellt, den goldene Strahlen bekrönen. Unvorstellbar schnelle Pferde ziehen den Feuerwagen, den er über das Himmelsgewölbe lenkt.

Tagsüber fährt er auf seinem Wagen über die Erde und den Ozean, wofür er eine Art schwimmender grosser und tiefer Schale benutzt.

Da Helios alles sieht, wird er in der Sage oft der Zeuge guter und böser Taten.

Hades oder Pluto,
Gott der Unterwelt

Hades, der Bruder von Zeus, Poseidon und Hera, war der Gott der Toten. Als die Welt zwischen Zeus, Poseidon und ihm aufgeteilt wurde, erhielt er als Reich die Unterwelt.

In seinem dunklen Reich ist Hades hart und gnadenlos. Er erlaubt niemandem, die Rückkehr in die Welt der Lebenden. Dämonen und Geister wie Charon, der als Fährmann die Seelen in einem Boot über den Acheron in das Totenreich übersetzt, sind ihm dienstbar. Das Fährgeld war ein Obolos, eine Münze, die man dem Toten mit ins Grab gab.

Pluto führt Persephone in die Unterwelt.
Hekate leuchtet den Weg, Hermes begleitet sie.
Apulischer Krater, 360-350 v.Chr.
(London, Britisches Museum).

Priapos, *Gott der Fruchtbarkeit*

Seine Gestalt gleicht der von Pan und man erzählte, dass er der Sohn von Dionysos und der Nymphe Chione oder von Dionysos und Aphrodite oder auch ein Sohn des Hermes gewesen sei. Er wuchs in Lampsakos auf und soll diese Stadt gegründet haben. Er ist der Gott der Fruchtbarkeit, der Pflanzenwelt und der sexuellen Begierde.

Sein übergrosses Geschlechtsorgan war ein Sinnbild und eine Verkörperung des männlichen Gliedes als Träger des Lebens und der Schöpfung.

Pan, *Gott der Wälder und des Hirtenlebens*

Pan, der Geist der griechischen Natur, war der Gott der Hirten und der Herden. Schon in ältester Zeit wurde er halb als Mensch und halb als Ziegenbock mit behaartem Körper dargestellt. Sein faltiges Gesicht schmückt ein Spitzbart, sein Haupt bekrönen Hörner.

In seiner Leichtfüssigkeit und Ausgelassenheit verkörperte er das ländliche Leben an kühlen Quellen und in schattigen Wäldern. Wegen seiner ausgeprägten Triebhaftigkeit jagte war er ständig nach Nymphen oder schönen Jünglingen. Er hütete seine Herden und spielte auf der Rohrflöte, deren Erfindung ihm zugeschrieben wurde.

Er wurde in Arkadien geboren, doch ist seine Abstammung nicht sicher geklärt. Man hielt ihn für den Sohn von Kronos und Rhea oder Hermes. Es wurde erzählt, dass seine Mutter, die vielleicht eine Nymphe war, zutiefst erschrak, als sie das monströse Neugeborene sah und es verliess. Hermes fand das Kind, wickelte es in ein Hasenfell und brachte es auf den Olymp. Die Olympier fanden Gefallen an Pan und nahmen ihn bei sich auf. Von allen Göttern liebte Dionysos ihn am meisten, der ihn auch in seinen Kreis aufnahm.

Der Gott Pan sitzt auf einem Felsen. Statuette aus hellenistischer Zeit (Athen, Nationalmuseum).

Eros,

Sohn der Aphrodite

Der nackte Junge mit goldenen Flügeln an den Schultern, dem lockigen Haar und dem Bogen, mit dem er Zauberpfeile schiesst, war für die alten Griechen, lange bevor ihn die Dichter rühmten und die Bildhauer und Maler darstellten, der Sohn von Aphrodite und Ares, der auf die Herzen der Götter und Menschen zielte. Man hielt ihn für den schönsten Gott, weil er in den Menschen die schönsten Gefühle weckte und den Verliebten half, sich zu finden. Seit ältester Zeit milderte Eros selbst die härtesten menschlichen Charaktere, machte das Leben schöner und gab ihm einen Sinn.

Marmorstatue der Göttin Themis aus Rhamnous, 3. Jh. v.Chr. (Athen, Nationalmuseum).

Themis, *Göttin der Gerechtigkeit*

Themis, die Göttin der Gerechtigkeit, sorgte bei Göttern und Menschen für die moralische Ordnung. Sie schützte die Schwachen und alle, denen Unrecht getan wurde. Sie besass die Gabe des Wahrsagens und das Orakel in Delphi war ihr Eigentum, bevor sie es Apollo überliess, den sie in der Wahrsagekunst unterwies. Sie war die Tochter von Uranos und Gaia, die Schwester von Kronos, Rhea, Mnemosyne, Okeanos und den anderen Titanen.

Der Verbindung von Themis und Zeus entstammten die Horen Eunomia, Dike und Eirene, die für die ethischen Werte sorgten, sowie die drei Moiren. Klotho, die erste, mass jedem Menschen den Lebensfaden zu. Lachesis, die zweite, teilte jedem Glück und Leid zu und die dritte, Atropos, schnitt den Lebensfaden ab und setzte damit jedem Leben ein Ende.

Die Erinyen

Als Kronos den Uranos entmannte, schnitt er ihm sein Geschlechtsorgan mit einer Sichel ab. Aus dem Blut, das auf die Erde tropfte entstanden die Erinyen: Alekto, Tisiphone und Megaira. Sie waren grausame und unversöhnliche Gottheiten, die über das Gewissen herrschten und jeden Eidbruch verfolgten. Manchmal straften sie als Personifikationen des schlechten Gewissens nach einer Untat, manchmal verfolgten und bestraften sie abscheuliche Verbrechen und Bluttaten als schauderhafte Gestalten mit dem Aussehen von Leichen.

Die Erinyen verkörpern die göttliche Gerechtigkeit, die unabhängig von der Rechtsprechung des Zeus alle bestraft, sich gegen das Sittengesetz vergangen haben.

Dämonen des Meeres

Auch das Meer besass Gottheiten, die zum Reich des Poseidon gehörten.

Nereus,

der älteste Sohn von Pontos und Gaia, war der Vater der Nereiden. Der im Meer lebende Greis hatte ein angenehmes Äusseres und konnte sich verwandeln.

Proteus,

war der Beschützer des Seefahrer.

Triton,

ein Sohn des Poseidon und der Amphitrite, war halb Mann und halb Fisch. Seine Schwestern waren die Nereiden.

Glaukos

ist ein Meeresgott, der ursprünglich ein Mensch war und dann in ein Meereswesen verwandelt wurde. Er hat menschliche Gestalt und sein Leib ist von Muscheln und Tang bedeckt.

ANDERE GOTTHEITEN

Ausser den erwähnten Göttern gab es weitere, niedrigere Gestalten. Diese Gottheiten personifizierten zumeist abstrakte Vorstellungen.

Eris

Göttin der Streitsucht. Sie war eine Tochter der Nacht und die Schwester und Gefährtin des Ares. Diese streitsüchtige Göttin war bei jedem Streit oder jeder Auseinandersetzung anwesend. Selbst wenn alle Beteiligten den Streit vermeiden wollten, fand sie immer einen Weg, Zwistigkeiten hervorzurufen und Leidenschaften und Hass unter Göttern und Menschen zu entflammen.

Hebe

Ihr Name bedeutet Jugend. Sie ist die Anmut und Schönheit, die dieses Alter dem Menschen verleiht. Sie war eine Tochter des Zeus und der Hera und schenkte den Nektar an die Götter aus. Sie vermählte sich mit Herakles, als er in den Olymp aufgenommen wurde.

Peitho

Tochter des Okeanos. Sie war eine Freundin und Helferin der Aphrodite. Mit ihren Einflüsterungen überredete sie die jungen Mädchen, ihre Zurückhaltung aufzugeben und sich der Liebe hinzugeben.

Tyche

Eine Göttin ohne mythologischen Inhalt, die Verkörperung der abstrakten Vorstellung des Glücks.

Ate

Ihr Name bedeutet Verblendung. Sie verkörpert die Geistesverwirrung.

Lites

Töchter des Zeus, die das Unheil gutmachten, das Ate angerichtet hatte.

Hybris

Verkörperung des Hochmutes.

Nemesis

Göttin der Vergeltung. Sie verkörperte das Rechtsgefühl.

Thanatos

Der Tod war ein Bruder des Schlafes. Er wurde häufig mit Hades, Charon und dem Seelenführer Hermes vermischt. Nur Sisyphos gelang es, den Tod zu überlisten.

Ananke

Die Notwendigkeit personifizierte die Macht der schicksalshaften Entscheidungen der Moiren.

Iakchos

Dieser Gott führte die Prozession der Mysten zu den Eleusinischen Mysterien an. Sein Name ist abgeleitet von dem Ruf "Iakche", in den die Gläubigen bei der Weihehandlung ausbrachen. Andere sehen ihn in Zusammenhang mit Dionysos (Bakchos) oder glauben, dass er ein Sohn der Göttin Demeter war.

3. Kapitel

Die Heroen

Schwierigkeiten und vielfältige Gefahren drohten in jener alten Zeit: Unüberwindliche Ungeheuer, schreckliche Übeltäter, die ganze Landschaften beherrschten und sie undurchquerbar machten, entsetzliche Krankheiten und tiergestaltige Wesen mit menschlichen Charakterzügen, die unsterblich waren, weil sie von göttlicher Abstammung waren. Die Götter schickten damals die Heroen auf die Erde, von denen die meisten Halbgötter waren. Halbgott nannte man alle, die von einem göttlichen Vater und einer sterblichen Mutter abstammten. Manche von ihnen sollten im gesamten griechischen Raum Berühmtheit erlangen, andere dagegen blieben nur lokale Heroen. Die Götter schützten die Heroen, sie waren schön und mit vielen Vorzügen begabt: Stärke, Tapferkeit, Klugheit, Grossherzigkeit und Erfindungsgabe. Manche von ihnen, zu denen Odysseus gehörte, waren weise Fürsten, die ihr Reich verliessen, um in einem Krieg, der geheiligt war, den Sieg zu erringen. Andere wiederum waren tapfere und starke junge Männer, die wie Herakles für den Sieg des Guten in den Kampf zogen. Sie unternahmen gefahrvolle Missionen zu einem moralischen Zweck, um das Herz einer schönen Prinzessin zu gewinnen oder auch um den Wunsch einer Gottheit zu erfüllen. Die Heroen haben gewöhnlich einen Gott, der sie beschützt und ihnen beisteht, damit sie ihre schwierige Aufgabe bewältigen können. Zumeist rettet er sie aus der Gefahr, die sie bedroht, und er wird zum Rächer an denen, die ihm nach dem Leben trachteten. Es geschieht nicht selten, dass die Götter untereinander in Konflikt geraten wegen eines Heroen, den sie beschützen. Das Leben der Heroen verläuft sehr stürmisch. Man könnte sagen, dass sie vom Schicksal dazu bestimmt sind, für das Gute zu kämpfen. Wegen ihrer Heldentaten werden sie gepriesen und erwerben sich Ruhm und manche von ihnen erringen die Unsterblichkeit.

HERAKLES

Der Name von Herakles wurde zu einer Bezeichnung von Kraft, Heroismus und Erhabenheit. Dieser Halbgott wurde zu einem Symbol und sein Ruhm reicht bis an die Enden der damals bekannten Welt und er stand für alles Übermenschliche und Grosse!

Es gab keine Heldentat, die Herakles nicht vollbringen konnte. Die Schwierigkeiten, vor denen fast alle menschlichen Gemeinschaften in Griechenland standen, konnte nur ein Mensch überwinden, und dieser war immer Herakles. Er kämpfte mit Übeltätern, Ungeheuern, Heeren, Göttern, den Naturgewalten, Krankheiten und sigar mit dem Tod und immer blieb er Sieger!

Herakles war der bekannteste und volkstümlichste aller Heroen. Von seinen Taten berichten so viele und verschiedenartige Legenden, dass es sehr schwierig ist, die Ereignisse in ihrer logischen Folge in zeitlichem Ablauf darzustellen. Dieser Halbgott, der mit übernatürlichen Gaben, aber auch mit menschlichen Schwächen begabt war, entstammte dem Geschlecht der Perseiden.

Er wurde in Theben geboren, sein sterblicher Vater war Amphitryon, seine Mutter Alkmene. Sein wirklicher Vater war jedoch Zeus, der die Abwesenheit von Amphitryon nutzte, um sich in dessen Gestalt mit Alkmene zu vereinigen.

Herakles wurde mit einem Zwillingsbruder, Iphikles, geboren. Im Mythos gilt es als leiblicher Sohn des Amphitryon, den Alkmene nach dessen Rückkehr am nächsten Abend empfing.

Die Göttin Hera verfolgte sehr bald mit ihrem Hass das kleine Kind, das jedoch schon im Alter von 8 Monaten seine göttliche Herkunft bewies. Als Alkmene eines Abends die Zwillinge zu Bett gebracht hatte, schickte Hera zwei riesige Schlangen, die die beiden Halbbrüder in ihren Wiegen ersticken sollten. Während Iphikles weinte, packte Herakles mit jeder Hand eine Schlange und erwürgte sie.

Als kleines Kind erwürgte Herakles die Schlangen, die Hera geschickt hatte. Rotfiguriger Stamnos, um 480 v.Chr. (Paris, Louvre).

Der jugendliche Herakles

Als Jugendlicher war der Halbgott stark, wild und ungehorsam und ging seine eigenen Wege. Mit 18 Jahren hatte er schon seine erste Heldentat vollbracht: Er tötete einen wilden Löwen im Kithairon-Gebirge, der unter den Herden grossen Schaden anrichtete, ohne dass es jemandem gelungen war, ihn zu töten.

In dieser Zeit sah sich dieser starke, schöne junge Mann eines Tages auf einem Weg, der sich in zwei Richtungen gabelte. Der eine Weg war anfangs breit und schön, wurde dann aber immer schmäler. Am Anfang dieses Weges stand eine schöne Frau in strahlenden Gewändern. Der andere Weg war zuerst schmal und dornenreich, später aber wurde er breiter und war voll Blumen. An seinem schmalen Beginn stand eine liebliche, bescheidene Frau, die schlicht, aber fürstlich gekleidet war. - "Wer seid ihr?" fragte Herakles.

- "Folge mir", sagte die erste. "Ich werde dich glücklich machen. Mein Name ist Kakia" (Schlechtigkeit).

- "Folge mir", sagte die zweite. "Du wirst die Achtung, Verehrung und Liebe der Menschen erwerben. Ich heisse Arete" (Tugend). Herakles überlegte kurz und beschloss Arete zu folgen.

Der Löwe von Nemea.

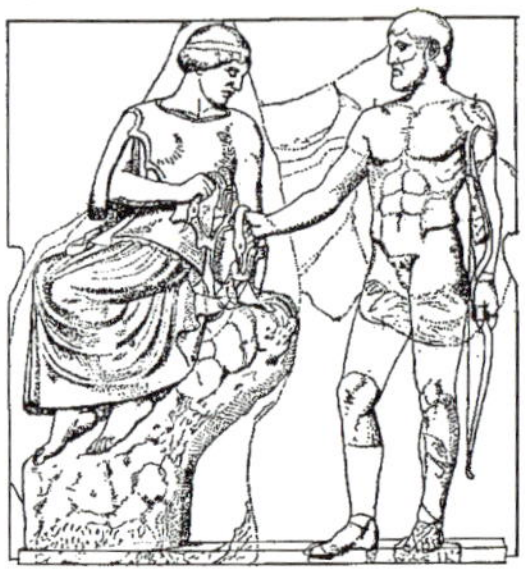

Die stymphalischen Vögel.

Die Rinder des Geryoneus.

Der Halbgott
Herakles

In den folgenden Jahren verbreitete sich der Ruhm des Herakles überall, niemand kam ihm an Kraft und Mut gleich. Kreon, der König von Theben, gab ihm als Lohn für seine Tapferkeit seine Tochter Megara zur Frau. Doch die Göttin Hera, die immer eine Gelegenheit suchte, ihm zu schaden, machte ihn wahnsinnig. In einem seiner Anfälle tötete der Heros die Kinder, die ihm Megara geboren hatte. Nachdem Herakles wieder zu sich gekommen war und sah, was er getan hatte, wollte er sich selbst töten. Schliesslich fragte er das delphische Orakel um Rat. Der Spruch der Pythia lautete, dass er nach Argos gehen und zwölf Jahre seinem Vetter, König Eurystheus, dienen müsse, um den Mord an seinen Kindern zu sühnen. Auf Befehl von Eurystheus vollbrachte Herakles die Heldentaten, durch die er Unsterblichkeit errang und in den Olymp aufgenommen wurde. Der beliebte Held ging deshalb nach Argos zu König Eurystheus, der ihm befahl, seine Kräfte mit allen Ungeheuern und übernatürlichen Wesen zu messen.

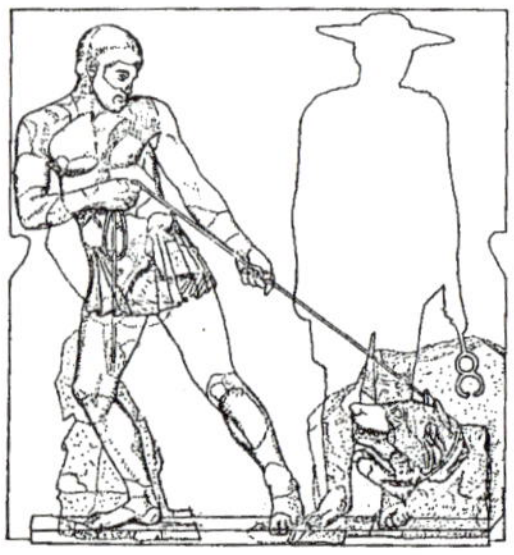

Der Kerberos des Hades.

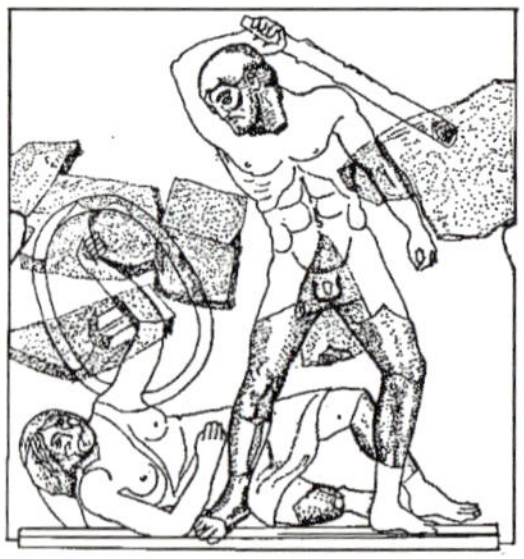

Der Gürtel der Amazone Hippolyta.

Der erymanthische Eber.

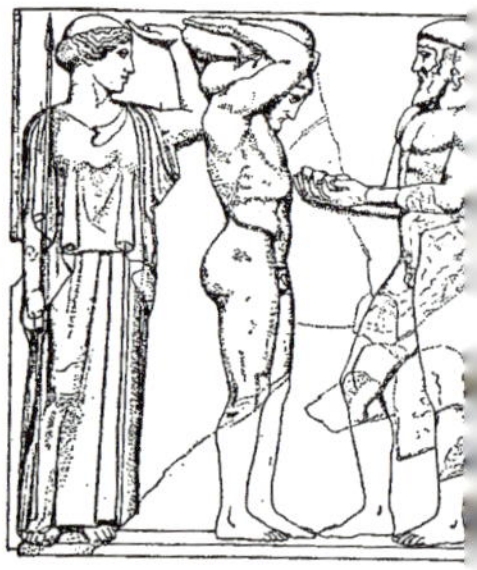

Die Äpfel der Hesperiden.

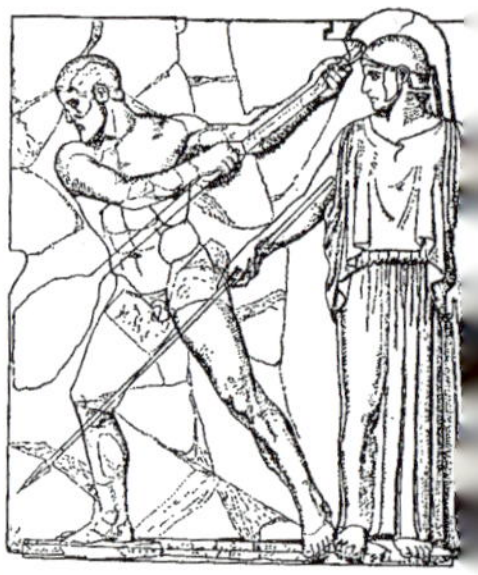

Der Stall des Augias.

Die Hirschkuh von Keryneia.

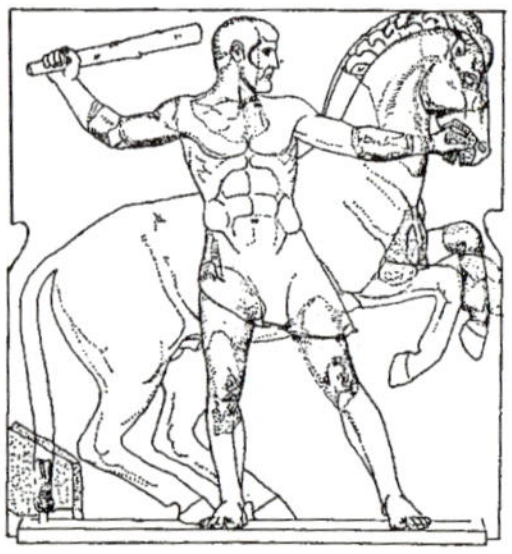

Die Pferde des Diomedes.

Die lernäische Hydra.

Der Stier von Kreta.

DIE ZWÖLF TATEN DES HERAKLES

Herakles kämpft mit dem Löwen von Nemea. Ausschnitt einer schwarzfigurigen Amphore, um 510 (Brescia).

Der Löwe von Nemea

Schon die erste Heldentat des Herakles war eine übermenschliche Leistung. Der Löwe, der Menschen und Herden verschlungen hatte, war ein übernatürliches Wesen. Er hauste in einer Höhle mit zwei Eingängen und war unverwundbar. Zuerst versuchte der Heros vergebens, ihn mit Pfeilen zu erlegen. Dann verschloss er den einen Eingang und trieb den Löwen in die Höhle hinein. Er packte ihn, umschlang ihn und erwürgte ihn mit seinen übermenschlichen Kräften.

Herakles zog dem Löwen das Fell ab und kleidete sich damit. Der Kopf des Ungeheuers wurde zu einer Art Helm. Auf vielen Darstellungen ist Herakles deshalb an dem Löwenfell zu erkennen. Als König Eurystheus ihn mit dieser Bekleidung kommen sah, versteckte er sich aus Angst vor der unerhörten Leistung des Helden.

Die Lernäische Hydra

Herakles greift mit der Axt die lernäische Hydra an. Schwarzfigurige Amphore, Anfang 5. Jh. v.Chr. (Paris, Louvre).

Das Ungeheuer von Lerna vernichtete die Ernten und Herden des Landes. Sein Atem, der aus den Schlangenköpfen kam, tötete jeden, der zu nahe kam. Herakles schoss brennende Pfeile auf die Hydra und trieb sie dadurch aus ihrem Schlupfwinkel. Als das schlangenartige Ungeheuer erschien, schlug der Heros mit einer Axt die Köpfe ab. Doch sein Tun war vergeblich, denn für jeden abgeschlagenen Kopf wuchsen zwei neue nach. Herakles bat seinen thebanischen Neffen Iolaos um Hilfe. Iolaos setzte den benachbarten Wald in Brand und während Herakles die Köpfe der Lernäischen Hydra abschlug, brannte der Neffe mit einer Fackel die Hälse des Untieres aus, damit keine neuen Köpfe nachwuchsen. Nachdem der letzte Kopf, der für unsterblich gegolten hatte, abgeschlagen war, vergrub er ihn und wälzte einen riesigen Felsblock darauf. Das Blut der Lernäischen Hydra enthielt ein starkes Gift, in das Herakles seine Pfeile tauchte, die damit zu tödlichen Waffen wurden.

Die Hirschkuh von Keryneia

Dann verlangte Eurystheus von Herakles, dass er die Hirschkuh mit den goldenen Hörnern, die in Oinoe lebte, fange und lebendig nach Mykene bringe. Die Hirschkuh, die sich in Arkadien auf dem Keraunischen Felsen sogar vor Artemis verbarg, graste überall in Arkadien und auf den Bergen der Göttin in der Nähe von Argos. Die keryneische Hirschkuh, wie sie häufig genannt wird, war eine Hirschkuh mit goldenen Hörnern, die Artemis heilig war. Es wäre ein Frevel gewesen, dieses aussergewöhnliche Tier zu töten oder auch nur zu berühren. Ein ganzes Jahr setzte Herakles ihr nach, weil er sie lebendig fangen sollte. Als er sie schliesslich gefangen hatte, begegneten ihm auf dem Rückweg Artemis und Apollo. Die beiden Gottheiten waren über seine Tat erzürnt, doch bat Herakles die Göttin um Verzeihung, die ihm gewährt wurde, als er die Hirschkuh lebendig nach Mykene brachte.

Der Erymanthische Eber

Als vierte Heldentat sollte Herakles den Erymanthischen Eber einfangen. Dieses grausame Wildschwein lebte auf dem Erymanthos, einem Berg im Südwesten Arkadiens. Das wilde Tier zerstörte in seiner Wut alle Felder. Niemand konnte ihm auch nur nahekommen.

Herakles verfolgte den Eber bis auf den schneebedeckten Gipfel des Erymanthos, fing ihn mit einer Schlinge und trug ihn auf der Schulter nach Mykene. Als er den Palast in Mykene betrat, versteckte sich Eurystheus aus Angst in einem grossen Vorratsgefäss.

Als Herakles den erymanthischen Eber nach Mykene brachte, versteckte sich König Eurystheus voll Angst in einem grossen Gefäss. Attische schwarzfigurige Amphore, 6. Jh. v.Chr.

Die Stymphalischen Vögel

Herakles vertreibt die stymphalischen Vögel, schwarzfigurige Amphore, Anfang 5. Jh. v.Chr. (Paris, Louvre).

Die Stymphalischen Vögel hausten am Ufer des Stymphalia-Sees in Arkadien. Diese Raubvögel hatten Federn aus Stahl, die so spitz waren, dass sie ihnen als Pfeile dienten.

Die Vögel waren eine Landplage. Sie frassen alle Früchte und liessen nichts auf den Feldern. Eurystheus befahl Herakles, die Vögel zu töten. Die grösste Schwierigkeit war, die Vögel aus dem Wald zu locken. Die Göttin Athena aber gab Herakles Kupferschellen, die Hephaistos angefertigt hatte. Mit ihrem Geräusch gelang es dem Heros, sie aufzuscheuchen und dann mit seinen Pfeilen zu töten. Die Vögel, die entkommen konnten, waren so eingeschüchtert, dass sie weit wegflogen und nie mehr gesehen wurden.

Herakles säubert den Stall des Augias. Metope vom Zeus-Tempel in Olympia, 470/460 v.Chr. (Olympia, archäologisches Museum).

Die Ställe des Augias

Augias, ein Sohn des Helios, herrschte über Elis auf dem Peloponnes. Er besass unzählige Herden, sorgte aber nicht dafür, dass der Mist aus dem Stall entfernt wurde. Für das Land entstanden dadurch zwei riesige Probleme. Einerseits war die Erde unfruchtbar, weil der benötigte Dünger fehlte, und andererseits verpesteten die Berge von Mist das ganze Land. Der Heros löste das Problem durch Klugheit. Er brach Öffnungen in die Mauern der Ställe und leitete die Flüsse Peneios und Alphaios hinein. Das Wasser säuberte die Ställe an einem Tag und verteilte zugleich den Dünger in der Ebene von Elis.

Die Pferde des Diomedes

Diomedes herrschte als König über Thrakien und besass menschenfressende Pferde, die sich vom Fleisch ahnungsloser Reisender nährten. Eurystheus beauftragte Herakles, diese gefährlichen Tiere nach Mykene zu bringen. Herakles erfüllte den Auftrag, indem er Diomedes den Pferden zum Frass vorwarf. Seitdem sollen sie zahm gewesen und dem Heros gehorsam gefolgt sein.

Teil eines Frieses, der Herakles mit den Pferden des Diomedes zeigt, 1. Jh. n.Chr. (Delphi, Museum).

Der Kretische Stier

Herakles bändigt den Stier von Kreta. Metope vom Zeus-Tempel in Olympia, 470/460 v.Chr. (Olympia, archäologisches Museum).

Der Kretische Stier war ein herrliches Tier, das eines Tages aus den Wellen aufgetaucht war, als Minos dem Poseidon versprochen hatte, er würde ihm opfern, was aus dem Meer käme. Doch war dieser Stier so schön, dass Minos ihn nicht opfern wollte. Er liess ihn bei seinen Herden und opferte einen anderen Stier an seiner Stelle. Um sich zu rächen, machte Poseidon den Stier wahnsinnig, aus dessen Nüstern Flammen schlugen. Eurystheus befahl Herakles, den Stier lebend herbeizuschaffen. Er bat Minos um Hilfe, doch erlaubte dieser nur, ihn zu fangen. Schliesslich gelang es dem Heros, den Stier zu bezwingen. Er setzte sich auf seinen Rücken und ritt auf ihm durch das Meer nach Argos zurück.

Der Gürtel der Königin Hippolyte

Als Admete, die Tochter des Eurystheus, plötzlich den Wunsch verspürte, den Gürtel der Amazonenkönigin Hippolyte zu tragen, musste Herakles ihn aus dem Land der Amazonen herbeischaffen.

Die Amazonen waren ein kriegerisches Volk von Frauen. Wenn sie Kinder zur Welt brachten, liessen sie nur die Mädchen am Leben, denen sie die rechte Brust abschnitten, damit sie als Erwachsene ungehindert mit dem Bogen schiessen konnten. Sie waren ausgezeichnete Reiterinnen und Kämpferinnen und sehr gefährlich. Ihre Königin Hippolyte trug als Zeichen ihrer Macht einen einzigartigen goldenen Gürtel mit Edelsteinen, ein Geschenk ihres Vaters Ares. Nch vielen Abenteuern und Kämpfen gelang es Herakles und seinen Gefährten, den Gürtel in ihren besitz zu bringen.

Die Rinder des Geryoneus

Als Herakles beauftragt wurde, die Rinder des Geryoneus nach Mykene zu schaffen, musste er bis an den westlichen Rand der Welt zur Insel Eurytheia gehen. Dort weideten unzählige Herden des riesenhaften Geryoneus. Er hatte drei Oberkörper, sechs Hände und drei Köpfe. Er soll auch Flügel besessen haben.

Bei der Ankunft auf der Insel erschlug Herakles mit der Keule den angreifenden Orthros und den Hirten Eurytionas. Dann raubte er die kostbaren Rinder und verliess die Insel. Viele Erzählungen berichten von den Taten, die Herakles auf dieser Reise verrichtete. Er soll auf seinem Weg nach Westen eine grosse Anzahl von Ungeheuern und Unholden getötet habe, die Libyen und die Küste Afrikas unsicher machten. Zur Erinnerung an seinen Übergang bei Tartessos hatte er auf beiden Seiten der Meerenge von Gibraltar, wo sich Europa und Afrika fast berühren, zwei Säulen - die sogenannten Säulen des Herakles - errichtet.

Herakles tötet an einem Altar den Gehilfen des ägyptischen Königs Busiris. Dieses und andere Abenteuer erlebte Herakles, als er nach Westen reiste. 470 v.Chr. (Athen, Nationalmuseum).

Herakles im Kampf mit Antaios, den der Heros mit eisernem Griff gepackt hält. Rotfiguriger Krater, 510-500 v.Chr. (Paris, Louvre).

Die goldenen Äpfel der Hesperiden

Im fernen Westen Libyens, am Fusse des Atlasgebirges lagen einst die Gärten der Hesperiden, auf deren Bäumen goldene Äpfel wuchsen. Die Töchter des Atlas betraten immer wieder die Gärten und nahmen sich die Äpfel. Hera befahl deshalb einem hundertköpfigen, unsterblichen Drachen und drei Nymphen, den Hesperiden, die Gärten zu bewachen.

Als Herakles hatte versucht, von dem Gott Nereus zu erfahren, welcher Weg zu den Hesperiden führte, doch erlebte er zahlreiche Abenteuer, bis er dort ankam. So hatte er einen Kampf mit dem Riesen Antaios zu bestehen, der unbesiegbar war, solange er mit dem Boden Berührung hatte. Die Erde, seine Mutter, verlieh ihm immer wieder neue Kraft. Unter Anspannung aller seiner Kräfte hob Herakles den Riesen auf seine Schultern, wodurch er die Verbindung mit der Erde verlor. Dann erwürgte er ihn.

Auf dieser Fahrt befreite er Prometheus, den Wohltäter der Menschheit, den Zeus an den Kaukasus hatte schmieden lassen, weil er den Menschen das Feuer gebracht hatte. Mit einem Pfeilschuss tötete Herakles den Adler, der Prometheus täglich den Leib aufriss.

Der Riese Atlas trug das Himmelsgewölbe auf seinen Schultern und der Heros bot ihm an - wie Prometheus geraten hatte -, ihn für kurze Zeit von der Last des Himmels zu befreien. Dafür sollte er ihm drei goldene Äpfel im Garten der Hesperiden pflücken. Atlas holte die Äpfel aus dem Garten, doch wollte er den Himmel nicht mehr auf seine Schultern nehmen. Er sagte zu Herakles, dass er die Äpfel selbst zu Eurytheus bringen wollte. Erneut bewies der Held seine Klugheit und bat Atlas, noch einmal kurz das Himmelsgewölbe auf die Schulter zu nehmen, da er ein Kissen bräuchte, weil er das Gewicht nicht gewöhnt sei. Ohne etwas zu ahnen, schulterte der Riese wieder den Himmel. Herakles nahm rasch die Äpfel, die Atlas auf den Boden gelegt hatte, und eilte so schnell als möglich davon.

Als Eurystheus im Besitz der goldenen Äpfel war, wusste er nicht, was er mit ihnen anfangen sollte. Er schenkte sie deshalb Athena, die sie wieder in den Garten zurückbrachte, da sie nur dort sein durften.

Kerberos

Diese Heldentat des Herakles war ganz anders als die übrigen, denn er betrat dabei einen geheiligten Bezirk und übertrat zugleich die Naturgesetze. Als schwerste und letzte Tat verlangte Eurystheus von Herakles den Hund, der die Unterwelt bewachte. Der Herrscher über den Hades gestattete Herakles, den Kerberos mitzunehmen, wenn es ihm waffenlos und nur mit Panzer und Löwenfell bekleidet gelänge, das Tier zu bezwingen. Herakles rang deshalb mit Kerberos und würgte ihn trotz der Schläge, die dieser ihm mit dem Schwanz versetzte, so stark, dass er ohnmächtig wurde. Als er ihn nach Mykene brachte, versteckte sich Eurystheus aus Angst in dem bekannten Vorratsgefäss. Da Herakles nicht wusste, was er mit dem Ungeheuer tun sollte, brachte er es wieder an seinen Platz in die Unterwelt zurück.

Herakles bringt den schrecklichen Kerberos zu Eurystheus, der ängstlich aus dem Gefäss herausblickt, in dem er sich versteckt hat. Hydria, 520 v.Chr. (Paris, Louvre).

Das Ende des Herakles und seine Vergöttlichung

Herakles vollbrachte noch unzählige Heldentaten, unternahm Feldzüge, führte Kriege und vernichtete Räuber und wilde Tiere. Viele Erzählungen und Legenden berichten davon in sehr unterschiedlichen Variationen. Sein Ende verbindet der Mythos aber mit seiner schicksalshaften Hochzeit mit Deianeira. Auf dem Gang durch die Unterwelt war er ihrem Bruder Meleagros begegnet und hatte ihm versprochen, die Schwester zu heiraten. Man könnte eine schicksalshafte Fügung darin sehen, dass diese Absprache in der Unterwelt getroffen wurde. Auf einer Reise musste Herakles mit Deianeira den Fluss Euenos durchqueren, wobei ihm der hier hausende Kentaur Nessos half. Zuerst brachte Nessos Herakles an das andere Ufer und kehrte dann um, um Deianeira zu holen. Als der Kentaur sich an ihr vergehen wollte, hörte Herakles ihre Hilferufe. Mit einem Pfeilschuss traf er vom anderen Ufer Nessos ins Herz. Um sich zu rächen, sagte der Kentauer zu Deianeira, sie sollte das Blut seiner Wunde auffangen, denn es würde ihr als ein Liebeszauber die Treue des Herakles sichern.

Deianeira glaubte ihm, fing das Blut auf und nahm es mit sich.

Nachdem Herakles später über Eurytos gesiegt und Oichalia erobert hatte, wollte er für Zeus einen Altar errichten und ein Opfer bringen. Er sandte seinen Gefährten Lichas nach Trachinai, wo Deianeira lebte, damit er ihm reine Kleidung für das Opfer bringe. Deianeira argwöhnte, dass Herakles sie für Iole, die verliebte Tochter des Eurytos verlassen wollte, und tauchte das Gewand in das Blut des Nessos.

Herakles legte das Gewand an und begann mit dem Opfer. Das Gift versengte ihm die Haut. Um das tödliche Gewand abzulegen, riss er sich sogar sein eigenes Fleisch ab. Deianeira beging Selbstmord, als sie sah, was sie getan hatte. Dann ging Herakles auf den Berg Oite und sammelte Holz. Er bestieg den Scheiterhaufen und befahl, ihn anzuzünden. Niemand gehorchte. Schliesslich war Philoktet bereit, ihn von seinem Leiden zu erlösen. Der Halbgott schenkte ihm seinen Bogen und die Pfeile, die er in das Gift der Lernäischen Hydra getaucht hatte. Als die Flammen aufloderten, umfing unter Blitz und Donner eine Wolke den Heros und trug ihn in den Himmel. Er wurde unsterblich und in den Olymp aufgenommen, wo er sich mit Hebe, die Göttin der ewigen Jugend, vermählte.

Herakles. Römische Kopie eines griechischen Originals des 5. Jh. v.Chr. (Neapel, Museo Nazionale).

Aigaios befragt das Orakel. Innenseite einer rotfigurigen Schale, 440-430 v.Chr.

THESEUS

Theseus war der Heros von Athen und galt, obwohl er eine Generation jünger war, als Gegenstück zu dem dorischen Herakles. Sein Vater war Aigaios, der König von Athen, seine Mutter Aithra, die Tochter des Königs Pittheas von Troizen. Es wurde erzählt, dass er von Poseidon abstammte und viele Mythen berichten von seiner Geburt. Der wichtigste Mythos erzählt, dass Aigaios nach zwei kinderlosen Ehen das delphische Orakel um Rat fragte. Das Orakel sagte: "Du darfst den Weinschlauch nicht öffnen, bevor du nach Athen kommst". Da Aigaios den Orakelspruch nicht verstand, ging er von Delphi nach Troizen zu König Pittheas, der für seine Weisheit berühmt war. Pittheas verstand das Orakel des Gottes, doch wollte er, dass seine Tochter den Sohn zur Welt bringen sollte, den der König ersehnte. Er sorgte deshalb dafür, dass Aigaios nach einem grossen Festmahl mit gutem Wein die Nacht mit seiner Tochter Aithra verbrachte. Als der König von Athen am nächsten Morgen neben dem schönen Mädchen erwachte, liess er seine Sandalen und sein Schwert bei ihr und rollte einen grossen Felsen darauf. Und er gab ihr folgende Erklärung: Wenn sie einen Sohn zur Welt brächte, der so stark wäre, dass er den Felsen heben und die Sandalen und das Schwert seines Vaters nehmen könnte, dann sollte er sie tragen und zu ihm nach Athen kommen. Daran würde er erkennen, dass er sein Sohn wäre.

Die Kindheit des Theseus

Theseus wuchs bei seiner Mutter und seinem Grossvater in Troizen auf. Er war ein schöner und starker Junge.

Als Theseus sechzehn Jahre alt war, hielt seine Mutter ihn für stark genug. Sie enthüllte ihm seine Abstammung und führte ihn zu dem Felsblock. Mit Leichtigkeit hob Theseus ihn auf und fand die Sandalen und das Schwert seines Vaters. Er nahm sie an sich und bereitete die Reise nach Athen vor. Vergeblich versuchten Aithra und Pittheas ihn zu Überreden, den Seeweg zu nehmen, da Übeltäter und Ungeheuer den Landweg unsicher machten. Theseus, der Herakles um seinen Ruhm beneidete, wollte Abenteuer bestehen und bevorzugte deshalb den Landweg.

Angeleitet von seiner Mutter wälzt Theseus den Fels beiseite, unter dem die Sandalen und das Schwert seines Vaters versteckt lagen. Römisches Tonrelief, 1. Jh. n.Chr. (London, Britisches Museum).

Auf dem Weg nach Athen

Der erste Übeltäter, den Theseus in der Nähe von Epidaurus traf, hiess Periphetes. Er lauerte den Reisenden auf und tötete sie mit einer riesigen eisernen Keule. Theseus entriss ihm die Keule und erschlug ihn damit.

Bei Kechreoi stiess er auf einen weiteren gefährlichen Gegner. Es war Sines, der so stark war, dass er Fichten umbiegen konnte. Dieser Sohn des Poseidon tötete die Fremden auf eine entsetzliche Weise: Er bog die Wipfel zweier benachbarter Bäume um und band jeweils ein Bein des unglücklichen Reisenden daran fest. Dann liess er die Bäume in die Höhe schnellen, wobei das Opfer grausam zerrissen wurde. Zur Strafe tötete Theseus ihn auf die gleiche Weise.

Danach betrat der Held korinthischen Boden, wo er mit Lanze und Schwert ein riesiges, aus der Unterwelt stammendes Wildschwein erlegte, das der Greisin Phaia oder Krommyo gehörte.

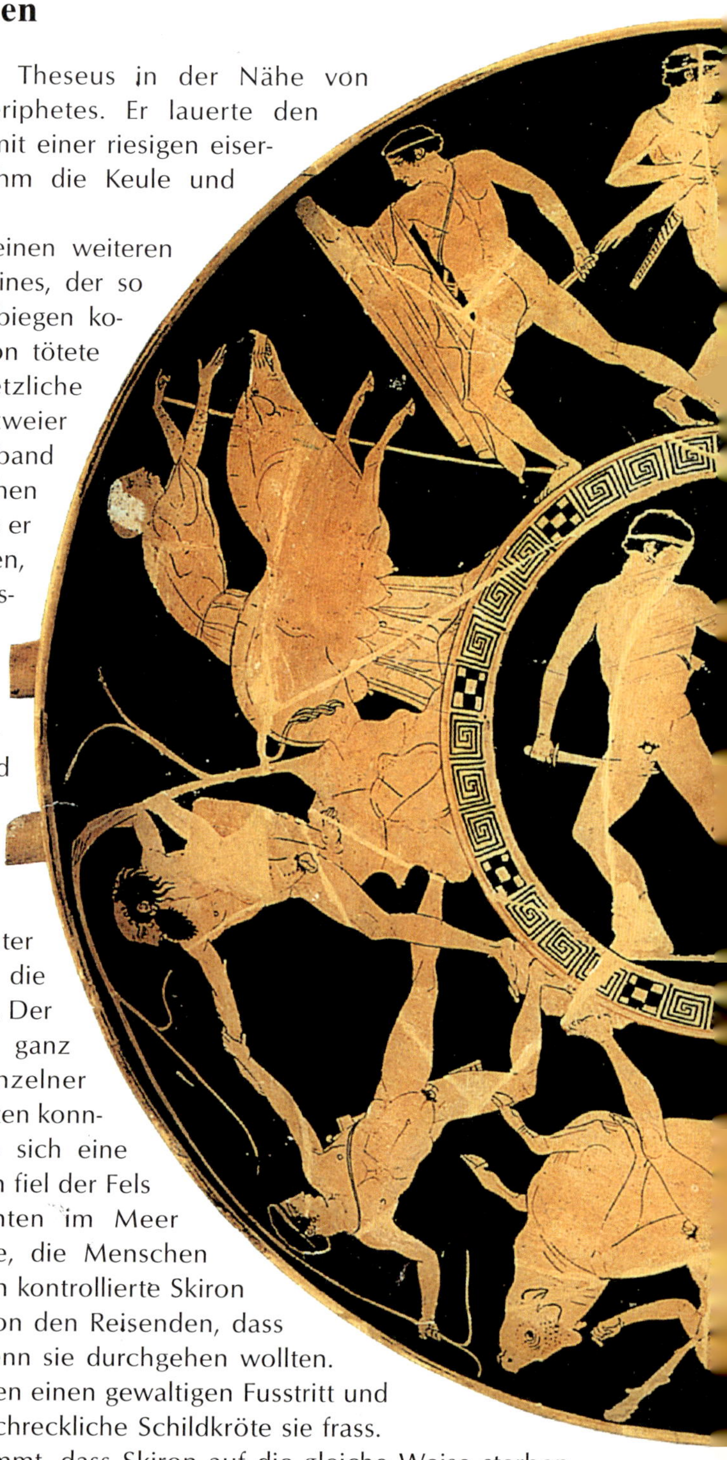

Bei Megara kam Theseus unter den Geranischen Bergen an die gefährlichste Stelle seiner Reise. Der Weg verengte sich zu einem ganz schmalen Pfad, den ein einzelner Mensch nur mit Mühe beschreiten konnte. Auf der einen Seite erhob sich eine steile Felswand, auf der anderen fiel der Fels senkrecht zum Meer ab. Unten im Meer hauste eine riesige Schildkröte, die Menschen frass. Hoch oben auf den Felsen kontrollierte Skiron den Durchgang. Er verlangte von den Reisenden, dass sie ihm die Füsse wuschen, wenn sie durchgehen wollten. Wenn sie dies taten, gab er ihnen einen gewaltigen Fusstritt und stiess sie in das Meer, wo die schreckliche Schildkröte sie frass.

Die Götter hatten aber bestimmt, dass Skiron auf die gleiche Weise sterben sollte. Theseus stürzte ihn aus der Höhe ins Meer hinab, wo die Schildkröte ihn frass.

Eine seiner grössten Heldentaten war die Bestrafung des Räubers und Übeltäters Prokrustes, der ihm anschliessend auflauerte. Dieser merkwürdige Verbrecher beraubte und tötete die Reisenden, nachdem er sie gezwungen hatte, sich auf sein entsetzliches Bett zu legen. War der unglückliche Reisende zu gross und seine Beine ragten über das Bett hinaus, dann schnitt er sie ab. War er aber kleiner als das Bett, dann fesselte er ihn und zog so lange an den Beinen bis sie die Länge des Bettes hatten. Man erzählte auch, dass er zwei Betten gehabt hätte, ein grosses für die Kleinen und ein kleines für die Grossen. Theseus tötete ihn auf die gleiche Weise.

Der Ruhm des Theseus hatte Athen erreicht, bevor er selbst in die Stadt kam. Aigaios war damals mit der Zaubererin Medea verheiratet. Sie wusste schon, wer Theseus war, der nach Athen unterwegs war. Es gelang ihr, dem König Furcht vor dem jungen Helden einzujagen, der ein schöner Jüngling war und durch seine Heldentaten legendären Ruhm erworben hatte. Sie überzeugte ihn, dass es das beste sei, dem Fremdling einen Becher mit Gift zu reichen. Als aber der Fremde - vielleicht absichtlich - mit seinem Schwert ein Stück vom Opferfleisch abschnitt, fiel der Blick von Aigaios auf das Schwert und dann auf die Sandalen. Er erkannte seinen Sohn und hinderte ihn daran, das Gift zu trinken, das er auf den Boden goss. Medea verbannte er aus seinem Land.

Die Taten des Theseus. In der Mitte hat der Heros bereits den Minotauros besiegt. Rechts erhebt Theseus die Schüssel gegen Skiron, darunter ist die Schildkröte zu sehen. Es folgen die Bändigung des Stieres von Marathon, die Bestrafung des Sines, die Tötung des Wildschweines von Phaia, der Kampf mit Kerkyon und schliesslich die Bestrafung des Prokrustes. Innenseite einer rotfigurigen Schale, 440-430 v.Chr. (London, Britisches Museum).

Der kretische Sagenkreis

Androgeos, der Sohn des Minos, war ein anmutiger Jüngling und ein begabter Athlet. Einst besuchte er Athen, um an den Wettkämpfen teilzunehmen, die Aigaios abhielt. Der Prinz aus Kreta besiegte alle anderen Wettkämpfer. Aus Neid überredete Aigaios ihn zu einem Kampf mit dem kretischen Stier, in dem Androgeos das Leben verlor. Minos erfuhr von dem unerwarteten Tod seines Sohnes, als er in Paros ein Götteropfer veranstaltete. Nach Ende der Feierlichkeiten sammelte er seine Flotte und bereitete einen Angriff auf Athen vor. Die Kämpfe zogen sich in die Länge und endeten mit einer Niederlage Athens, das einen Blutzoll an Minos entrichten musste. Jedes Jahr musste Athen sieben junge Männer und sieben Mädchen als Frass für den tiergestaltigen Minotauros nach Kreta schicken. Minotauros war der Sohn der Pasiphae, der Frau des Minos und eines Stieres, den Poseidon zu Minos geschickt hatte. Aus Scham über die Geburt dieses Ungeheuers liess Minos den Architekten Dädalos das Labyrinth bauen. In diesem Palast schloss er den Minotaurus ein, der sich von Menschenfleisch ernährte. Als der Augenblick gekommen war, an Minos den Tribut zu entrichten, musste Theseus eine Antwort auf dies Herausforderung finden.

Da beschloss er als einer der sieben Jünglinge, die für den Minotaurus bestimmt waren, nach Kreta zu reisen, um ihn zu vernichten. Bei der Ausfahrt zu seiner traurigen Fahrt hatte das Schiff schwarze Segel gesetzt. Aigaios hatte es auch mit weissen Segeln ausgerüstet, die bei einer erfolgreichen Rückkehr gesetzt werden sollten. Theseus erreichte Kreta und wurde mit den anderen Jugendlichen in das Labyrinth geführt. Doch Ariadne, eine Tochter des Minos, hatte sich ihn verliebt.

Darstellung des Labyrinths,
in dem Theseus den Minotauros tötete.
Römisches Mosaik des 4. Jh. n.Chr. (Wien, Kunstmuseum).

Sie gab ihm, bevor er die Wohnstätte des Minotauros betrat, ein Wollknäuel, dessen Faden er am Eingang befestigen und beim Vordringen abwickeln sollte, um sich nicht zu verlaufen. Er musste ihr aber auch versprechen, sie als seine Frau nach Athen mitzunehmen.

Mit blossen Händen tötete Theseus den Minotauros, befreite seine Gefährten und verliess Kreta heimlich mit Ariadne. Auf der Rückfahrt legte das Schiff in Naxos an und Theseus liess Ariadne schlafend am Strand zurück, wo der Gott Dionysos sie fand. Die Unternehmung war wunschgemäss abgelaufen, doch hatte man in der Freude übersehen, die schwarzen Segel gegen die weissen auszutauschen.

Aigaios hielt auf Kap Sunio Ausschau und als er ein Schiff mit schwarzen Segeln sah, war er sicher, dass sein Sohn umgekommen war. Er stürzte sich in das Meer, das seit jener Zeit ägäisches Meer heisst.

Theseus tötet den Minotauros. Schwarzfigurige Amphore (Paris, Louvre).

Theseus begleitete Herakles zur Amazonenkönigin Hippolyta. Dort raubte er die Amazone Antiope, deren Schönheit ihn geblendet hatte. Metope vom Apollo-Tempel in Eretria, 510-500 v.Chr. (Chalkida, archäologisches Museum).

Theseus als König. Sein Tod

Theseus war ein fähiger Herrscher. Er machte Athen zur Hauptstadt seines Staates, ordnete die Gesellschaft, prägte Münzen und gründete das Panathenäenfest als Zeichen der politischen Einheit Attikas. Als die Amazonen Athen angriffen, führte er einen Krieg gegen sie. Er heiratete Phädra und vollbrachte zahlreiche Heldentaten. Einmal geriet er sogar in der Unterwelt in Gefangenschaft, aus der ihn Herakles befreite. In späteren Jahren schloss er eine enge Freundschaft mit dem Heros Peirithoos. Bei einem Besuch seines Verwandten Lykomedes, des König von Skyros, stieg dieser mit Theseus auf einen hohen Berggipfel, um ihm das Königreich von oben zu zeigen. Dann stiess er ihn heimtückisch den Abhang hinunter und tötete ihn. Seine Gebeine wurden in historischer Zeit von dem Feldherrn Kimon gefunden und nach Athen überführt. Dort bestattete man den grossen Heros mit allen Ehren.

DER ZUG DER ARGONAUTEN

Der Zug der Griechen unter der Führung des Helden Jason nach Kolchis ist eines der wichtigsten Geschehnisse jener fernen Zeit, denn es nahmen an ihm die die berühmtesten Helden Griechenlands teil. Doch soll mit der Vorgeschichte der Ereignisse begonnen werden.

Phrixos und Helle

Athamas, der im böotischen Orchomenos herrschte, hatte von seiner Frau Nephele zwei Kinder, Phrixos und Hellen. Ino aber überredete den König, sie zu heiraten und Nephele zu vertreiben. Sie war den Kindern eine böse Stiefmutter. In ihrem Hass dachte sie sich einen heimtückischen Plan aus: Sie überzeugte die Frauen des Landes, das Saatgut, das in den Scheunen für die Aussaat bereitlag, über dem Feuer zu dörren. Natürlich keimte die so behandelte Saat nach der Aussaat nicht und eine grosse Hungersnot kam über das Land.

Athamas schickte Boten nach Delphi, um das Orakel zu befragen. Ino bestach die Boten, die den vorgeblichen Orakelspruch zurückbrachten, dass Phrixos dem Zeus geopfert werden müsse, damit die Erde wieder Frucht trage. Das Volk erhob sich gegen den König und verlangte, dass dem Orakel gefolgt werde. Schliesslich gab Athamas nach. Als Phrixos zum Altar geführt wurde, schickte seine Mutter Nephele einen Widder mit goldenem Fell.

Phrixos und Helle bestiegen ihn, der sie durch die Luft in die Ferne trug. über der thrakischen Halbinsel blickte Helle hinunter und verlor das Gleichgewicht. Sie stürzte in das Meer und ertrank an einer Stelle, die seither Hellespont heisst. Alleine erreichte Phrixos Kolchis, wo Aietes herrschte, der ein Sohn von Helios und Perseis und ein Bruder der Zauberin Kirke war. Er opferte Zeus den Widder zum Dank und bat Aietes um Schutz, der ihn zu seinem Schwiegersohn

Phrixos klammert sich an die Hörner des Widders und fliegt über das Meer nach Kolchis. Rotfigurige Pelike, um 460 v.Chr. (Athen, Nationalmuseum).

machte. Phrixos schenkte ihm das goldene Vliess (das Fell des Widders). Der König von Kolchis hängte es unter einer Eiche auf, die in dem heiligen Hain des Gottes Ares stand. Zum Wächter machte er einen riesigen, schlangenartigen Drachen, der es unaufhörlich bewachte.

Die Kentauren hatten - ausser Pholos und Chiron - einen wilden Charakter. Zwei dieser mythischen Wesen schlagen mit Bäumen auf Peirithoos ein, den König der Lapithen. Er hatte die Grenzen überschritten, die den Menschen von den Göttern gesetzt sind.

Pelias und Jason

Über Iolkos herrschte Pelias, ein Sohn des Poseidon und der Tyro, der durch eine List den Thron seines Halbbruders Aisonas bestiegen hatte. Aisonas befürchtete, dass sein mordlustiger Bruder seinen Sohn Jason, den rechtmässigen Thronerben, töten würde. Er brachte ihn deshalb zu Chiron in die Höhle im Peliongebirge, damit er ihn erziehe.

Der weise Kentaur Chiron lehrte Jason das Wissen und die Künste jener Zeit. Als Jason herangewachsen war, sandte Chiron ihn nach Iolkos, um seinen Thron zu fordern.

Jason forderte den Thron, der ihm rechtmässig zustand. Der listige Pelias behauptete, dass Phrixos ihm im Traum erschienen sei und gebeten habe, seine Seele zurückzubringen und das goldene Vliess aus dem Palast von Könige Aietes in Kolchis zu holen. Er verlangte deshalb von Jason, dem Spruch des Orakels zu folgen, das geraten hatte, ein Schiff zu bauen und aufzubrechen. Damit die Seele des Phrixos Ruhe fände, sollte Jason die Fahrt nach Kolchis unternehmen. Pelias versprach und beschwor bei den Göttern, dass er Jason den Thron überlassen werde, wenn er mit dem Goldenen Vliess nach Iolkos zurückkehre.

Die Vorbereitungen der Argonauten

Jason nahm die Bedingungen von Pelias an und begann mit den Vorbereitungen der Reise. Er bestellte bei Argos, dem Architekten und Schiffsbauer, ein Schiff mit fünfzig Rudern. Das Schiff wurde so vollkommen wie kein anderes. Es war sehr schnell und wurde deshalb Argo genannt.

Der Kentaur Chiron gab Jason den Rat, seine grosse Reise in ganz Griechenland bekannt zu machen, um die tapfersten jungen Männer als Teilnehmer zu gewinnen. So geschah es. Die Bemannung der Argo, die Argonauten, waren Heroen und Göttersöhne. Unter ihnen waren Tiphys (der Steuermann der Argo), der Sänger Orpheus, die Seher Idmonas und Mopsos, Herakles, Hylas, Idas, Kastor und Polydeukes, Periklymenos (der Sohn des Neleus), Peleus und sein Bruder Telamon und viele andere, die mutigsten und tapfersten Männer ihrer Zeit.

Vorbereitungen für den Aufbruch der Argonauten unter der Aufsicht der Göttin Athena, 1. Hälfte 1. Jh. n.Chr. (London, Britisches Museum).

Die Fahrt der Argo, wie sie der Dichter Apollonios Rhodios in den "Argonautika" beschreibt.

Die Fahrt der Argo

Nach einem Opfer für Apollo bestiegen die Argonauten bei Pagasai ihr Schiff. Die Vorzeichen für die Reise waren günstig und die Argo stach in See. Der erste Halt ihrer Reise war die Insel Lemnos, wo sie nur Frauen vorfanden, da diese alle ihre Männer getötet hatten. Die Argonauten vereinigten sich mit den Frauen, um Söhne zu erzeugen, und fuhren dann weiter. Sie liessen Samothrake hinter sich, liefen in den Hellespont ein und erreichten Kyzikos. Im Land der Dolionen empfingen König Kyzikos und seine Untertanen sie sehr gastfreundlich. Nach der Abreise brachte ungünstiger Wind sie jedoch wieder zurück. In einem schicksalhaften Missverständnis erkannten die Dolionen die Argonauten nicht und die Argonauten nicht die Dolionen. Deshalb entbrannte ein wilder Kampf zwischen ihnen, bei dem Kyzikos und seine Untertanen von den Argonauten niedergemetzelt wurden. Zu spät bemerkte man den Irrtum, doch ehrten beide Seiten die Toten und bereuten das Geschehen.

An der Küste von Mysien, die sie anschliessend erreichten, wurde Hylas, der geliebte Freund des Herakles, von Nymphen geraubt. Herakles suchte nach ihm mit Polyphem, die beiden blieben zurück und die Fahrt ging ohne sie weiter. Dann kamen die Argonauten in das Land des Sehers Phineus und befreiten ihn von den schrecklichen Harpyien. Der Seher enthüllte ihnen die Zukunft und gab ihnen Ratschläge, wie sie die Symplegaden durchfahren konnten. Diese Felsen öffneten und schlossen sich; jedes Schiff, das hindurchfahren wollte, wurde zermalmt. Phineus riet ihnen, eine

Die Argonauten verfolgen die schreckerregenden Harpyien Aello, Okypetes und Kelaino, die den Seher Phineas quälten. Elfenbeinrelief aus einer korinthischen Werkstatt, 570 v.Chr. (Delphi, archäologisches Museum).

Taube zwischen den Symplegaden hindurchfliegen zu lassen. Wenn der Taube der Durchflug gelang, konnten auch sie die Meeresenge durchfahren, andernfalls sollten sie den Versuch aufgeben. Als die Argonauten die Felsen erreichen, liessen sie eine Taube frei. Sie flog zwischen den Symplegaden hindurch und wurde nur an der Schwanzfeder beschädigt. So gelang auch der Argo die Durchfahrt, die nur am Heck von den Felsen leicht gestreift wurde. Nach weiteren Abenteuern erreichten die Argonauten schliesslich das Land des Königs Aietes.

In Kolchis

Nach der Ankunft in Kolchis ging Jason zu König Aietes und erzählte ihm von dem Auftrag des Pelias. Aietes erklärte sich bereit, ihm das Goldene Vliess zu überlassen. Doch sollte Jason die beiden Stiere mit bronzenen Beinen, ein Geschenk des Hephaistos, aus deren Nüstern Flammen schlugen, ohne fremde Hilfe anschirren. Dann sollte er mit ihnen ein Feld pflügen und darauf Drachenzähne säen, die Aietes ihm geben würde.

Mit Medeas Hilfe bestand Jason dieses Abenteuer. Doch Aietes hielt sein Wort nicht, sondern wollte die Argo in Brand zu stecken und die Argonauten töten. Medea half Jason, den Drachen einzuschläfern. Heimlich nahmen sie das Goldene Vliess und flohen in aller Eile. Aietes entdeckte die Flucht von Jason und Medea und den Raub des Goldenen Vliesses und nahm die Verfolgung der Argo auf. Um ihn abzulenken, tötete Medea ihren Bruder Apsyrtos, der sie begleitete, und warf nacheinander dessen zerstückelten Gliedmassen ins Meer. Der unglückliche Aietes verlor Zeit, weil er die Glieder seines geliebten Sohnes sammelte, und den Flüchtlingen gelang es, den Verfolgern zu entkommen.

Medea hilft Jason. Sie lenkt den Drachen ab und gibt ihm einen Trank, der ihn einschläfert.
In diesem Augenblick nimmt Jason das goldene Vlies von dem Baum, an dem es hing.
Anfang 4. Jh. v.Chr. (Neapel, Museo Nazionale).

Die Heimkehr nach Iolkos

Die Argonauten durchlebten auf ihrer Irrfahrt zahlreiche Gefahren und Mühen. Schliesslich erreichten sie mit dem kostbaren Goldenen Vlies Iolkos. Die Stunde war gekommen, in der Jason den Thron von König Pelias forderte. Doch Pelias, der in der Zwischenzeit die Verwandten des Jason getötet hatte, weigerte sich, den Thron dem rechtmässigen Erben zu überlassen. Jason nahm deshalb zu den Zauberkräften und der List seiner Frau Zuflucht. Unerkannt betrat Medea den Palast und veranlasste die Töchter des Pelias, ihren Vater zu töten. Sie hatte ihnen vorgetäuscht, dass sie ihm helfen könnten, wieder jung zu werden. Der weitere Verlauf der Ereignisse wird in verschiedenen Variationen erzählt. Eine Überlieferung berichtet, dass Jason und Medea über Jolkos herrschten und ihren gemeinsamen Sohn dem Kentauren Chiron anvertrauten. Eine andere Fassung des Mythos berichtet, dass Jason und Medea nach Korinth gingen, nachdem sie den Thron Akastos, dem einzigen Sohn des Peleas, überlassen hatten.

Jason kehrt mit dem goldenen Vlies nach Iolkos zurück, wo ihn Pelias empfängt. Apulischer Krater, 350-340 v.Chr. (Paris, Louvre).

PERSEUS

Perseus, ein Sohn des Zeus und der Danae, ist der Heros von Argos. Sein Grossvater Akrisios hatte einst das Orakel befragt, ob ihm ein Sohn geboren werde. Das Orakel hatte geantwortet, dass seine Tochte Danae einen Sohn zur Welt bringen werde, der ihn töten werde. Damit diese Prophezeiung nicht in Erfüllung gehen konnte, schloss Akrisios Danae in eine unterirdische Höhle mit bronzenen Wänden ein. Zeus, der sich in einen goldenen Regen verwandelt hatte, drang aber durch einen Spalt in der Höhle ein, um sich mit der schönen Danae zu vereinigen. Danae gebar einen Sohn, den sie mehrere Monate verborgen hielt. Als Akrisios ihn entdeckte, wollte er nicht an die Vaterschaft des Zeus glauben und tötete die Dienerin von Danae, die er für schuldig hielt. Er schloss seine Tochter und seinen Enkel in eine hölzerne Kiste ein, die er in das Meer warf.

Akrisios gibt Anweisungen für den Bau des Kastens, in dem Danae und der neugeborenen Perseus eingeschlossen werden. Rotfigurige Hydria, um 490 v.Chr.

Die Wellen trugen diese Kiste an das Ufer der Insel Serifos, wo der Fischer Diktys, ein Bruder des Polydektes, des Tyrannen der Insel, sie an Land holte. Diktys nahm Mutter und Kind gastlich auf und Perseus wuchs in seinem Haus zu einem mutigen jungen Mann heran, der mit allen guten Eigenschaften begabt war. Da verliebte sich Polydektes in Danae, doch Perseus bewachte seine Mutter sorgfältig und der König wagte es nicht, Gewalt auszuüben. Er lud den jungen Mann mit anderen Freunden zu einem Mahl ein und fragte sie, welches Geschenk sie ihm machen würden. Alle waren der Meinung, dass ein Pferd das passendste Geschenk für einen König wäre. Nur Perseus antwortete, dass er ihm auch das Haupt der Gorgo brächte, wenn er wolle. Polydektes nutzte die Gelegenheit und verlangte von Perseus das Haupt der Gorgo. Er würde sonst Danae mit Gewalt zwingen, mit ihm zu leben. Perseus brach auf, die Gorgo zu suchen und ihr das Haupt abzuschlagen.

Perseus hat Medusa den Kopf abgeschlagen. Seine Helferin Athena steht neben der sterbenden Medusa. Rotfigurige Hydria, um 460 v.Chr.

Die Heldentat und die Rache des Perseus

Athena und Hermes halfen Perseus, diese Tat zu vollbringen. Mit einer List fand er die Nymphen, die ihm geflügelte Sandalen, einen Sack und einen Helm des Hades liehen, der seinen Träger unsichtbar machte. Hermes gab ihm als Waffe eine scharfe Sichel. Perseus fand die Gorgonen schlafend, erhob sich mit seinen Flügelsandalen in die Höhe und enthauptete die Medusa. Um von ihrem Blick nicht versteinert zu werden, blickte er dabei in den spiegelnden Bronzeschild, den Athena hielt. Als der Held das Haupt abschnitt, sprangen aus dem Hals der Medusa Pegasos und der Riese Chrysaor. Perseus steckte das abgeschnittene Haupt in seinen Sack und machte sich auf den Rückweg. Vergeblich jagten die beiden Schwestern der Medusa hinter ihm her. Perseus war unsichtbar, weil er den Helm des Hades trug.

Perseus und die Graien. Deckel einer Pyxis um 425 v.Chr. (Athen, Nationalmuseum).

Perseus tötet die Medusa. Das Flügelpferd Pegasos ist neben seiner Mutter Medusa zu sehen. Links steht Athena. Die Haltung der Körper und das Lächeln sind typisch archaisch. Kalksteinmetope von einem griechischen Tempel in Selinunt auf Sizilien. Mitte des 6. Jh. v.Chr. (Palermo, archäologisches Museum).

Auf seinem Rückweg begegnete Perseus der schönen Andromeda, die er aus ihren Fesseln befreite und davor bewahrte, von einem Meeresungeheuer verschlungen zu werden. Die Eltern der Andromeda wollten ihre Tochter mit dem Retter verheiraten, doch ihr Onkel Phineus, der sie selbst heiraten wollte, begann ihm mit Helfern nachzustellen. Als Perseus das bemerkte, hielt er Phineus und seinen Helfern das Haupt der Medusa vor, wodurch sie versteinert wurden.

In gleicher Weise rächte er sich auch an Polydektes, als er nach Serifos zurückgekehrt war und gehört hatte, was dieser getan hatte, um Danae zu besitzen. Nachdem Polydektes und seine Freunde zu Stein geworden waren, überliess Perseus seinem Pflegevater Diktys die Herrschaft und kehrte mit Andromeda nach Argos zurück, um seinen Grossvater aufzusuchen. Akrisios floh aber aus Furcht vor dem Orakelspruch, als er vom Kommen seines Enkels hörte. Doch er konnte seinem Schicksal nicht entgehen. Bei den Wettspielen, die König Tentamides von Larisa veranstaltete und an denen auch Perseus teilnahm, kam Akrisios als Zuschauer. Der Diskus, den der Enkel schleuderte, wich von seiner Bahn ab, traf und tötete ihn. Mit Bestürzung hörte Perseus, wer der Tote war und bestattete ihn mit allen Ehren.

Medusa mit einem Schlangengürtel. Vom Giebel des Artemis-Tempels in Korfu, um 590 v.Chr. (Korfu, Museum).

Kopf der Medusa.
Ausschnitt aus einem
Fussbodenmosaik
der späthellenistischen Zeit.

BELLEROPHON

Bellerophon tötet die Chimaira. Tontafel, 660 v.Chr. (Thasos, archäologisches Museum).

Bellerophon war ein Sohn des Poseidon, aber bei den Menschen galt Glaukos, der Sohn des Sisyphos, als sein Vater. Seine Mutter war Eurynome, eine Tochter des Königs Nisos von Megara. Man nannte den Heros Bellerophon, weil er zufällig den Tyrannen von Korinth getötet hatte.

Nach diesem Totschlag musste er aus Korinth fliehen und ging zu König Proitos in Tiryns, um sich zu entsühnen. Bei diesem Aufenthalt verliebte sich Anteia, die Frau des Königs Proitos, in den schönen, jungen Mann, der sich ihr aber aus Achtung vor der Gastfreundschaft verweigerte. Deshalb beschuldigte sie Bellerophon bei ihrem Gatten, dass er sie zu verführen versuche, und verlangte, dass der Reiter des Pegasos getötet werde.

Proitos beschloss darauf, Bellerophon zu seinem Schwiegervater Iovates nach Lykien zu schicken, denn die ungeschriebenen Gesetze der Gastfreundschaft erlaubten nicht, dass er ihn selbst tötete. Iovates empfing Bellerophon mit allen Ehren, bewirtete ihn neun Tage und opferte zu seinen Ehren den Göttern neun Stiere. Am zehnten Tag öffnete er den Brief seines Schwiegersohnes. Als Iovates die Bitte des Proitos las, dass er Bellerophon töten sollte, gab er ihm den Auftrag, die Chimaira, ein schreckliches Ungeheuer, zu töten. Bellerophon übernahm den Auftrag des Iovates. Die grösste Gefahr waren die Flammen, die die Chimaira über grosse Entfernungen aus ihren Nüstern ausstiess. Doch half der berühmte Pegasos, der seinen Reiter hoch in die Luft trug, so dass der Heros seine Pfeile von oben auf die Chimaira abschiessen konnte.

Nach der Tötung der Chimaira, sandte Iovates den Bellerophon gegen das Volk der Solymer, die wild und kriegslustig waren. Als er auch die Solymer besiegt hatte, wurde ihm befohlen, gegen die Amazonen zu kämpfen. Auch hier blieb er siegreich. Schliesslich wusste Iovates nicht mehr, wie

Bellerophon auf dem Pegasos. Fragment einer Dachbekrönung, 540-500 v.Chr (Thasos, archäologisches Museum).

er den Tod des Bellerophon verursachen sollte und stellte einen Trupp ausgesuchter Männer zusammen, die sich in einen Hinterhalt legten. Aber Bellerophon besiegte auch sie. Da war der König von Lykien überzeugt, dass der Held göttlicher Herkunft sein musste, und erzählte ihm von dem Auftrag des Proitos.

Voll Bewunderung und Hochachtung behielt er ihn bei sich, machte ihn zu seinem Schwiegersohn und überliess ihm später sein Reich.

Über das Ende des Bellerophon wird berichtet, dass er einst aus Neugierde mit seinem Flügelpferd den Olymp besuchen wollte, um den Wohnort des Zeus kennenzulernen oder auch an dem Rat der Götter teilzunehmen. über diesen Frevel erzürnte sich Zeus und das göttliche Pferd warf Bellerophon aus der Höhe ab. Pegasos kehrte zum Olymp zurück, wohin er gehörte. Er trug den Blitz des Zeus und diente der Göttin Eos (Morgenröte), die den Tag heraufführte.

Bellerophon auf dem Pegasos, Ende 5. Jh. v.Chr. (Athen, Nationalmuseum).

DÄDALOS UND IKAROS

Dädalos, ein Handwerker aus Athen, stammte aus der königlichen Familie des Kekrops, des ersten Königs von Athen. Er war ein bedeutender Künstler, ein Bildhauer, Architekt und auch ein bahnbrechender Erfinder. Eines Tages beging dieser vielseitige Meister ein Verbrechen und wurde verbannt.

Dem scharfsinnigen Erfindergeist des Dädalos gelang die Herstellung von Flügeln, mit denen er und sein Sohn aus der Gefangenschaft auf Kreta entflohen.

Dädalos lebte deshalb in Kreta am Hofe des Minos, wo er auch das berühmte Labyrinth erbaute. Die Korridore dieses Palastes waren so verwinkelt, dass man die Orientierung verlor. Hier schloss Minos den Minotauros ein. Als Dädalos in Kreta lebte, gebar ihm eine Sklavin des Palastes, die Naukrate hiess, seinen Sohn Ikaros.

Als Theseus nach Kreta kam, um den Minotauros zu töten, beriet Dädalos Ariadne, wie sie dem Helden helfen könnte, das Labyrinth wieder zu verlassen. Als Minos davon erfuhr, geriet er so sehr in Zorn, dass er den Künstler und seinen Sohn in das Labyrinth einsperrte.

Unaufhörlich dachte Dädalos in der Gefangenschaft darüber nach, wie sie aus Kreta fliehen könnten. Schliesslich erfand er Flügel, die er mit Wachs zusammenklebte und an den Armen befestigte.

Vater und Sohn begannen ihren gewagten Flug. Der junge Ikaros folgte aber nicht dem Rat seines Vaters, der ihm gesagt hatte, nicht zu niedrig zu fliegen, damit die Flügel nicht nass würden, und nicht zu hoch zu fliegen, damit die Sonne sie nicht auflöste. In seinem Übermut flog Ikaros aber so hoch, dass das Wachs, das die Federn zusammenhielt, in der Sonne schmolz. Er stürzte in das Meer, das seither Ikarisches Meer heisst. Sein Leichnam wurde an der Küste einer Insel gefunden, die man Ikaria nannte. Hier begrub ihn Herakles.

Der Sturz des Ikaros. Wandgemälde aus Pompei. Neapel, Nationalmuseum (10. Jh. v.Chr.)

ORPHEUS

Der Thraker Orpheus, der am Zug der Argonauten teilgenommen hatte, ist der Held eines Mythos, der so viele symbolische und theologische Elemente enthält wie kein anderer dieser Zeit. Orpheus, der Sohn des Oiagros und der Muse Kalliope, war ein begnadeter Musiker, Dichter und Sänger. Er spielte nicht nur hervorragend die Lyra, sondern galt auch als der Erfinder der Kithara.

Bekannt ist der Mythos, der erzählt, wie Orpheus für seine geliebte Gemahlin Eurydike in den Hades hinabstieg. Er lautet folgendermassen: Bei dem Versuch, den Nachstellungen des Aristaios zu entgehen, trat Eurydike, eine wunderschöne Waldnymphe, an einem Flussufer auf eine giftige Schlange, an deren Biss sie starb. Orpheus war untröstlich darüber und stieg in den Hades hinab, um sie wieder ins Leben zurückzuführen. Seine Musik besänftigte die Unterwelt und die Verdammten vergassen ihre Strafe und ihr Leid. Sisyphos, Tantalos, die Danaiden und alle anderen unterbrachen ihre endlose Busse und liessen sich von der Musik verzaubern. Sogar Hades und Persephone waren bereit, die Frau zurückzugeben - unter einer Bedingung: Beim Aufstieg zur Erde würde Eurydike Orpheus folgen, der sich aber nicht nach ihr umsehen durfte, bis sie endgültig die Unterwelt verlassen hätten. Kurz bevor sie jedoch das Licht der Welt erreichten, wurde der Zweifel, ob der Schatten ihm auch folgte, zu übermächtig. Orpheus drehte sich rasch um, um zu sehen, ob die Götter der Unterwelt ihn nicht getäuscht hätten. Alles war umsonst: Eurydike starb endgültig und Hades blieb unerschütterlich gegenüber den Bitten des trauernden Orpheus.

Über das weitere Leben des trauernden Gatten wurde viel erzählt. Man sagte, dass er sich von der Welt abwandte, dass er nicht wieder heiraten wollte, dass er drei Jahre die Frauen und ihre Liebe mied.

Der Tod des Orpheus. Orpheus wird von einer thrakischen Frau mit dem Schwert angegriffen. Rotfigurige Amphore, 450-440 v.Chr. (Paris. Louvre).

Die Überlieferungen erwähnen, dass er nur mit den Knaben Thrakiens Umgang hatte, die er das "orphische Leben" lehrte, so etwa den Verzicht auf Fleischgenuss. Er weihte sie auch in die Musik und die Erfahrungen der Unterwelt ein.

Über sein Ende wird berichtet, dass ihn die rächende Wut der Frauen ereilte, gegenüber denen er sich nach dem Verlust von Eurydike abweisend gezeigt hatte und nur noch mit Männern Umgang hatte.

Die Musen bestatteten und beklagten den Sänger.

Orpheus und die wilden Tiere. Der Zauber der Musik des Orpheus besänftigte selbst die Tiere der Wildnis.

Der strahlende Gott Helios überliess für kurze Zeit seinen Wagen seinem Sohn Phaethon.
Rotfiguriger Kalyxkrater, 435 v.Chr. (London, Britisches Museum).

PHAETHON

Über Phaethon, den Sohn des Helios gab es viele Berichte. Als Phaethon zum jungen Mann herangewachsen war, enthüllte der Vater dem Sohn seine Herkunft. Der junge Mann verlangte von seinem Vater Helios, dass er ihn den Sonnenwagen lenken lasse. Zuerst weigerte sich Helios, doch willigte er schliesslich ein und gab viele Ratschläge und Ermahnungen.

Phaethon fuhr auf der Bahn, die die Sonne jeden Tag zurücklegt. Als er jedoch im Zenith angelangt war, erschrak er über die Höhe. Besonders die Tierkreiszeichen machten ihm Angst und er schlug eine andere Bahn ein. Mit ungeschickten Bewegungen lenkte er den Wagen sehr tief und die Erde wäre beinahe in Brand geraten. Dann fuhr er wieder sehr hoch und bedrohte die Gestirne. Um die Gefahr abzuwenden, schleuderte Zeus seinen Blitz nach ihm und Phaethon stürzte ihn in den Fluss Eridanos. Dort fanden in seine Geschwister, die Heliaden, und bestatteten ihn mit allen Ehren, die ihm zustanden.

DAS KÖNIGSHAUS DER LABDAKIDEN

Im thebanischen Sagenkreis nimmt das Haus der Labdakiden eine besondere Stellung ein. Es ist nach Labdakos benannt, dem Enkel des Kadmos, der Theben gründete. Eine herausragende Persönlichkeit dieser Familie war Ödipus, der mit anderen Angehörigen seiner Familie durch sein Schicksal ein Thema der klassischen Dichtung wurde.

ÖDIPUS

Laios, der König von Theben, war mit Iokaste verheiratet, die eine Tochter des Menoikeus und eine Schwester von Kreon war. Doch die Jahre vergingen und Iokaste blieb kinderlos. Wie es üblich war, bat man das Orakel um eine Auskunft. Das Orakel sagte, dass Laios ein Sohn geboren würde, der grosses Unglück über Theben bringen würde, dass er seinen Vater töten und seine Mutter ehelichen würde.

Ödipus löst das Rätsel der Sphinx. Aussenseite einer rotfigurigen Schale, 470-460 v.Chr. (Rom, Vatikanische Museen).

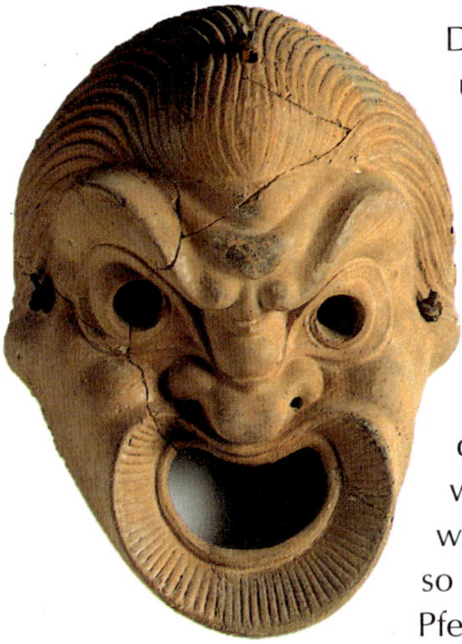

Antike Theatermaske.

Daraufhin mied Laios seine Frau, doch Jokaste wollte unbedingt ein Kind. Sie machte ihn bei einem Fest betrunken und verbrachte die Nacht mit ihm. Sobald Gewissheit über die Schwangerschaft der Königin bestand, dachte Laios nur noch daran, wie er das Kind beseitigen könnte, das sein Leben und sein Land bedrohte. Gleich nach der Geburt durchbohrte er ihm die Beine an den Knöcheln und band sie zusammen. Danach beauftragte er einen ihm ergebenen Hirten damit, dass Kind im Wald des Kithairon zurückzulassen, wo es an Hunger und Kälte sterben oder von einem wilden Tier zerrissen werden würde. Der Hirte hatte aber so grosses Mitleid mit dem weinenden Kind, dass er es Pferdehirten des Polybos, des Königs von Korinth gab, ohne ihnen zu sagen, wessen Kind es war. Die Pferdehirten brachten es zu Polybos und seiner Frau, die selbst keine Kinder hatten und es mit Freude aufnahmen. Die Königin Merope gab ihm den Namen Ödipus, was "der mit den geschwollenen Beinen" bedeutet, denn die Beine des Kindes waren an der Stelle geschwollen, die Laios durchbohrt hatte.

Grabmonument des Ödipus. Antigone nähert sich dem Grab mit Opfergaben.
Ein junger Mann (Polyneikes oder Eteokles) bringt eine Binde. Lukanische Amphore, 4. Jh. v.Chr. (Paris, Louvre).

Marmorstatue der Sphinx, 540/530 v.Chr. (Athen, Akropolismuseum).

Das Schicksal des Ödipus

Das Schicksal hatte bestimmt, dass Ödipus leben und zu einem starken und klugen jungen Mann heranwachsen sollte, der Polybos und Merope für seine Eltern hielt. Seine Abkunft wurde ihm geheimgehalten bis eines Tages in einem Streit jemand ihn ärgern wollte und ihm sagte, dass er ein Findelkind sei und der König und die Königin von Korinth nicht seine wirklichen Eltern wären. Da Ödipus von Polybos und Merope nichts näheres erfahren konnte, machte er sich heimlich auf den Weg, um das Orakel von Delphi zu befragen.

Der Spruch des Orakels war keineswegs eindeutig, doch sagte es ihm, dass er das entsetzliche Schicksal haben werde, seinen Vater zu töten und seine Mutter zu ehelichen. Seine Nachkommen seien zu Urhebern grosser Übel bestimmt. Da er noch nichts über seine Herkunft erfahren hatte, hielt er weiterhin Polybos und Merope für seine Eltern. Um nicht das Orakel zu erfüllen, beschloss Ödipus, nicht nach Korinth zurückzukehren. Er zog von Ort zu Ort und verrichtete verschiedene bewundernswerte Heldentaten.

Eines Tages begegnete er in der Landschaft Phokis an einer schmalen Wegkreuzung einem Wagen mit Gefolge. Es war Laios, der nach Delphi fuhr, um das Orakel zu befragen, was aus seinem Kind geworden sei, denn er wollte Gewissheit darüber, dass es tot sei. Als er von dem Fremden verlangte, dem Wagen den Weg freizumachen, kam es zu einem Wortwechsel, aus dem ein Streit entstand. Der wütende Ödipus tötete Laios und seine Begleiter, von denen nur einer entfliehen konnte.

Ödipus als Herrscher über Theben

Nach dem Tod des Laios hatte in Theben Kreon, der Bruder von Jokaste, mit ihr gemeinsam den Thron bestiegen. Schon bevor sie von der Ermordung erfuhren, wurden sie von der Sphinx bedroht. Dieses Ungeheuer hatte sich am Rande der Stadt auf einem Felsen niedergelassen und gab den Vorübergehenden ein Rätsel auf. Wer die Lösung nicht fand, wurde von der Sphinx aufgefressen. Da liess Kreon bekanntmachen, dass derjenige, der das Rätsel lösen und Theben von dem schrecklichen Ungeheuer befreien würde, König von Theben werde und die Königin heirate.

Ödipus setzte seine Reise fort und kam nach Theben. Er hörte von der Sphinx und war entschlossen, die Belohnung zu gewinnen. Das Rätsel lautete: "Welches irdische Wesen hat vier, zwei und drei Beine, und wird immer schwächer?" Ödipus fand die Antwort und sagte, dass es der Mensch sei, der als kleines Kind auf allen vieren geht, als Erwachsener auf zwei Beinen und sich im Alter auf einen Stock stützt.

Daraufhin stürzte sich die Sphinx von ihrem Felsen und starb. Als sich diese Neuigkeit verbreitete, empfingen die Thebaner begeistert den Helden als ihren neuen Herrscher. Ödipus wurde König und heiratete Jokaste. Aus dieser Verbindung entstammten die beiden Söhne Eteokles und Polyneikes und die beiden Töchter Antigone und Ismene. Die Regierung des Ödipus war friedlich bis eine Seuche das Land befiel und die Menschen starben, ohne dass ihnen jemand helfen konnte. Da der König nicht wusste, was er tun sollte, sandte er Kreon, den Bruder seiner Frau nach Delphi, um das Orakel nach der Ursache des Unheils zu befragen und zu erfahren, was getan werden musste, um Theben vor der Bedrohung zu retten.

Die Antwort des Orakels lautete, dass der Mörder des Laios bestraft werden müsse, damit das Land gerettet werde.

Ödipus begann deshalb selbst Nachforschungen anzustellen und versprach eine hohe Belohnung. Schliesslich wusste er keine andere Lösung als den Seher Teiresias zu befragen, der ihm enthüllte, dass Ödipus selbst der Gesuchte sei. Die Meinung des Sehers war völlig glaubwürdig, denn der blinde Teiresias wurde in ganz Griechenland geachtet. Anfänglich zweifelte Ödipus und meinte, dass es sich um eine Intrige von Kreon handelte. Dann sagte er plötzlich, dass er nach Korinth reisen werde, aber dann hielt ihn der Gedanke zurück, dass dadurch vielleicht das Orakel bewahrheitet würde, er seinen Vater töten und seine Mutter heiraten werde. Kurz danach kam aber aus Korinth die Nachricht, dass Polybos gestorben sei und das Volk die Thronbesteigung des Ödipus verlange. Trotzdem fürchtete Ödipus, dass der zweite Teil des Orakels Wahrheit werden könnte, und er seine Mutter heiraten würde. Da sagte ihm der Bote, dass er sich deswegen nicht sich zu ängstigen brauche, denn Polybos sei nicht sein wirklicher Vater gewesen und er selbst ihn von einem Hirten des Laios im Kithairon-Gebirge erhalten habe. Als auch der Hirte gefunden war, der das kleine Kind weggebracht hatte und von den Narben sprach, die noch an den Beinen des Ödipus zu sehen waren, waren die Beweise unerschütterlich. Er wurde sich bewusst, dass er tatsächlich seinen Vater getötet und seine Mutter geheiratet hatte. Königin Jokaste begab sich entsetzt über den Frevel in ihre Gemächer und erhängte sich. Ihr Sohn und Ehemann folgte ihr und stach sich mit seiner goldenen Brosche die Augen aus. Er forderte Kreon auf, ihn aus Theben zu vertreiben und bat ihn, für seine Töchter Antigone und Ismene zu sorgen. Ödipus kam nach Attika, wo ihn Theseus gastlich aufnahm. Hier endete auch sein Leben. Wie das Orakel gesagt hatte, brachte er der Stadt, in der er starb, Glück.

Ödipus und die Sphinx auf einer schwarzfigurigen Lekythos von 470 v.Chr. (Paris, Louvre).

Die Sphinx der Naxier. Weihgeschenk der Insel Naxos in das Heiligtum von Delphi (Archäol. Museum, Delphi, 570 v.Chr.).

DIE PELOPIDEN - DIE FAMILIE DER ATRIDEN

Von Pelops und Hippodameia stammten Atreus, Thyestes, Peisthenes, Pittheus (der Grossvater des Theseus) und Nikepte (Mutter des Eurystheus, des Onkels von Herakles). Nach dem Tode des Eurystheus, der seinem Vater Sthenelos auf den Thron gefolgt war, wurden die Pelopiden sehr mächtig und herrschten in Mykene, Tiryns, Argos und über die ganze Argolis.

Eine Überlieferung berichtet, dass Vater Pelops das Szepter der Herrschaft seinem erstgeborenen Atreus übergab.

Die Kinder des Atreus

Agamemnon und Menelaos, die Söhne des Atreus, gingen nach dem Tod ihres Vaters nach Sikyon. Tyndareos, der Vater der Dioskuren, der Klytemnestra und der Helena, unterstützte Agamemnon, den ihm zustehenden Thron zurückzugewinnen. Thyestes, der damals regierte, und der Sohn des Aigistheus wurden verbannt und Agamemnon heiratete Klytemnästra, nachdem diese ihren ersten Mann, Tantalos, den Sohn des Thyestes, getötet hatte. Klytemnästra gebar Agamemnon Iphigenie, Elektra, Chrysiothemis und einen Sohn, Orestes. Menelaos heiratete die schöne Helena und herrschte über Sparta.

Die schöne Helena in nachdenklicher Haltung mit einem kleinen Eros (Athen, Kerameikos-Museum, um 400 v.Chr.).

Poseidon reitet auf einem Hippokampen um Pelops zu helfen, der ihn um Beistand gebeten hatte (Hydria nach 400 v.Chr., New York, Metropolitan Museum).

4. Kapitel

Trojanischer Krieg

Der grösste Krieg, der die Welt in jener fernen Zeit erschütterte, war der Feldzug gegen Troja. Dieser gewaltige Zusammenstoss dauerte zehn Jahre und forderte das Leben zahlreicher Helden. Die achäischen und äolischen Griechen des griechischen Festlands bekämpften und besiegten die Trojaner, die Griechen Kleinasiens. Der Mythos berichtet, dass der Trojanische Krieg wegen der Schönen Helena entbrannte. Jedoch war dieser Krieg kein mythisches Ereignis, wie die archäologischen Ausgrabungen zeigten, die alles ans Tageslicht brachten, wovon Homer in der Ilias berichtet. Heute weiss jeder, dass die Achäer mit ihrer ganzen Streitmacht an die gegenüberliegende Küste segelten, um das wohlhabende und kultivierte Troja zu erobern. Zudem gab es keine Schwierigkeiten sich mit den Trojanern zu verständigen, denn sie waren vom gleichen Stamm und sogar Verwandte.
Die Streitmacht der Achäer belief sich auf 100.000 bis 135.000 Bewaffnete und die Flotte umfasste 1.186 Schiffe. An dem Feldzug nahmen alle Fürsten der Achäer und Äoler teil. In diesem Krieg kämpften die homerischen Helden Achilleus, die beherrschende Gestalt der Ilias, Agamemnon, Odysseus, Hektor, Paris und zahlreiche weitere. Antike Historiker glaubten, dass die Ursache und der Anlass des trojanischen Kriegs die Suche nach neuem Land war, da durch die Dorische Wanderung um 1100 v.Chr. für das griechische Festland Überlebensprobleme entstanden waren. Der Mythos aber über diesen Krieg berichtet von Ereignissen, die erzählenswert sind. Alles begann mit einer Hochzeitsfeier, der Hochzeit von Peleus und Thetis.

Reliefamphore aus Tinos mit Darstellungen aus dem trojanischen Krieg. Um 670 v.Chr. (Archäologisches Museum, Mykonos).

Neuzeitliches Wandgemälde aus dem Achillio auf Korfu. Achill zerrt den toten Hektor hinter seinem Streitwagen her.

Die Hochzeit von Peleus und Thetis - Achilleus

Peleus war der König von Phthia, in dem die Myrmidonen lebten, und verehelichte sich mit Thetis, einer Meeresgöttin. Bei dieser Hochzeit waren alle Götter anwesend, um Geschenke zu machen und an dem Festmahl teilzunehmen. Nur eine Göttin war nicht eingeladen: Eris, die Göttin des Streites und des Zwistes. Um sich zu rächen, warf Eris im geeigneten Augenblick einen goldenen Apfel zwischen die drei Göttinnen Hera, Athena und Aphrodite. Man erzählte, dass dieser Apfel aus dem Garten der Hesperiden stammte und die Aufschrift trug: "Der Schönsten". Natürlich brach unter den drei Göttinnen ein Streit aus, da jede den Apfel für sich beanspruchte.

Jenseits des Hellespontes hütete Paris, der jüngste Sohn des Priamos, seine Herde auf einem Berg der Troas. Zeus befahl Hermes, den jungen Paris mit einer schwierigen Aufgabe zu beauftragen. Er sollte entscheiden, welche der drei Göttinnen den Apfel erhalten sollte, nachdem er alle ihre Vorzüge berücksichtigt hatte. Die drei Göttinnen versprachen dem Prinzen Geschenke: Hera die Herrschaft über Asien und Europa, Athena Heldenruhm und Aphrodite Liebe in Gestalt der Schönen Helena.

Paris hatte bis dahin Helena noch nicht gesehen. Doch ihr Ruhm war überallhin gedrungen und seine Sehnsucht nach Liebe war so gross, dass er ohne zu zögern Aphrodite den Apfel gab. Die beiden anderen Göttinnen zürnten und unterstützten deshalb in dem anschliessenden Krieg die Achäer gegen die Trojaner. Aphrodite beriet Paris, wie er die Schöne Helena erobern könnte. Aus der Verbindung von Peleus und Thetis entstammte Achilleus, der grösste Held des Trojanischen Krieges. Thetis wollte für ihren Sohn Unsterblichkeit erlangen und tauchte ihn deshalb in die heiligen Wasser des Styx, wobei sie ihn an der Ferse hielt. Der Ausdruck "Achillesferse" als Bezeichnung für den schwachen Punkt eines Menschen, hat sich bis in unsere Tage erhalten. Peleus brachte seinen Sohn zu dem weisen Kentauren Chiron, damit er ihn die Jagd auf wilde Tiere, Kriegskunst, Musik und Malerei lehre.

Peleus beauftragt den Kentauren Chiron mit der Erziehung des jungen Achilleus (Schwarzfigurige Lekythos um 500 v.Chr., Athen, Nationalmuseum).

Peleus raubt Thetis,
die an einer Quelle badet
(Etruskischer Krater
um 340 v.Chr., Rom).

Die Trojaner

Die Burg von Troja lag auf dem Berge Ida jenseits des Hellespont. Sie war von Poseidon und Apollo unter Mithilfe von Laomedon erbaut worden. In der Zeit, in der sich die Ereignisse zutrugen, von denen zu berichten sein wird, herrschte Priamos über Troja, ein Sohn des Laomedon, der mit Hekabe verehelicht war. Priamos hatte ursprünglich Podarkes geheissen und war der Bruder der Hesione, die dem Telamon nach Salamis gefolgt war. Sie hatte ihn geheiratet und Teukros und Ajax geboren, die beide am Trojanischen Krieg teilnahmen. Es hat den Anschein, dass Achäer und Trojaner nicht nur dem gleichen Stamm angehörten (gleiche Sprache, Religion und Sitten), sondern oft sogar der gleichen Familie. In der Burg von Troja war Priamos Vater einer so grossen königlichen Familie, wie es sonst keine gab. Ausser seinen Töchtern hatte er fünfzig Söhne. Der älteste war Hektor, ihm folgten Paris, Deiphobos, Elenos, Polydoros, Troilos und viele andere. Zu den bekannteren Töchtern zählen Kreusa, Laodike, Polyxene und Kassandra, die eine Wahrsagerin war.

Priamos und Hekabe sitzen auf dem Thron und erfahren vom Tod ihres Sohnes Troilos (Fragment einer klazomenischen Hydria, um 540 v.Chr. Athen, Nationalmuseum).

Paris und Helena, die Frau des Menelaos

Es wurde bereits erwähnt, dass Agamemnon, der König von Mykene, Klytemnästra geheiratet hatte und Menelaos deren Schwester Helena. Menelaos herrschte über Sparta, wo er auch Paris und sein Gefolge empfing, als er ihn besuchte und reiche Geschenke brachte. Als Paris Helena sah, wurde er von ihrer Schönheit geblendet. Menelaos ehrte den fremden Prinzen entsprechend den Gesetzen der Gastfreundschaft, doch musste er am zehnten Tag nach Kreta reisen. Da ergab sich für Paris eine Gelegenheit, sich Helena zu nähern, die der Macht Aphrodites nicht widerstehen konnte. Sie nahm die Schätze an, die ihr Paris schenkte und folgte ihm nachts.

Das Paar reiste heimlich ab und kehrte nach Troja zurück, wo es Hochzeit feierte. Iris, die Botin der Götter, brachte Menelaos diese Nachricht nach Kreta.

Die Begegnung von Helena und Paris. Rotfigurige attische Lekythos (Ende 5. Jh. v.Chr., Athen, Nationalmuseum).

Achilleus rüstet sich für den Kampf gegen Troja. Er trägt Beinschienen, Thetis hält Speer und Schild (Schwarzfiguriges Täfelchen, 560 v.Chr., Athen, Nationalmuseum).

Der Feldzug der Achäer gegen Troja

Als Menelaos erfuhr, was geschehen war, verliess er sofort Kreta und reiste zu seinem Bruder Agamemnon nach Mykene. Gemeinsam mit dem weisen Nestor, dem König von Pylos, beschlossen sie, die Fürsten und Helden ganz Griechenlands zu einem Feldzug aufzurufen, der eine Frage der Ehre war. Der Räuber musste bestraft werden, denn niemand konnte in Zukunft seiner Gemahlin sicher sein, wenn die heiligen Gesetze der Gastfreundschaft ungesühnt verletzt werden konnten. Das Verhalten des Paris gegenüber Menelaos empfand jeder der Fürsten als gegen sich selbst gerichtet. So beteiligten sich Odysseus, der Sohn des Laertes, der über Ithaka herrschte, der tapfere Achilleus, Herrscher über Phthia, der grösste aller Kämpfer, der weise Nestor, Herrscher über Pylos, Diomedes, Fürst von Ätolia, Ajax der Sohn des Telamon, Ajax aus Lokri, Idas, der kretische König Idomeneus, der weise Palamedes und andere.

Die Opferung der Iphigenie - Der Ausfahrt nach Troja

Die Flotte für den Feldzug hatte sich in Aulis versammelt. Doch die Winde halfen nicht, denn kein Lüftchen wehte und die Schiffe konnten nicht auslaufen. Man befragte den Seher Kalchas nach der Ursache dieser Windstille. Der Seher antwortete, dass die Göttin Artemis mit Agamemnon zürnte, der in einem ihrer Haine einen heiligen Hirsch getötet habe. Die himmlischen Winde würden so lange nicht wehen, bis Agamemnon seine älteste Tochter, die schöne Iphigenie, geopfert hätte. Anfangs wollte Agamemnon nichts davon wissen. Das Heer war jedoch in Aufruhr. Deshalb befolgte man den Plan des Odysseus, nach Mykene die Botschaft zu schicken, dass Iphigenie mit ihrer Mutter kommen sollte, angeblich, um Achilleus zu heiraten. Voll Freude über das unverhoffte Glück ihrer Tochter eilte Klytemnästra nach Aulis. Dort war aber schon der Altar bereitet und der Seher stand mit dem Opfermesser bereit. In einer gespannten Stimmung fanden die Vorbereitungen statt. In dem Augenblick, in dem Kalchas das Messer erhob, brachte die Göttin Artemis, die der Zeremonie aufmerksam gefolgt war, Iphigenie in einer Wolke nach Tauris (der heutigen Krim), wo sie Priesterin in ihrem Tempel wurde.

Auf dem Altar lag eine Hirschkuh, ein Beweis der Gunst der Göttin, die unter dem Jubel des Heeres geopfert wurde. Sofort begannen die Winde zu wehen und die Schiffe der Griechen setzten die Segel zur Fahrt nach Troja, um die Schande der Helena zu sühnen.

Die Opferung von Iphigenia (Apulischer Krater, 370 v.Chr., London, British Museum).

Szene aus dem trojanischen Krieg.
Menelaos steht Paris gegenüber (Paris, Louvre).

Der Trojanische Krieg - Ilias

Troja oder Ilion, das Apollo mit dem silbernen Bogen beschützte, war der Schauplatz der blutigsten Kämpfe. Auf Seiten der Achäer fiel in diesen Kämpfen als erster Protesilaos, der durch ein Denkmal geehrt wurde. Die Göttinnen Athena und Hera halfen dem Heer der Achäer. In der Ilias, dem homerischen Epos, werden zahlreiche Ereignisse aus dem trojanischen Krieg erzählt. Die meisten handeln von dem tapferen Achilleus und der Ruhm seiner Taten verbreitete sich überall.

Der Streit des Achilleus mit Agamemon

Das Schicksal hatte bestimmt, dass Achilleus in dem Kampf um Troja fallen sollte. Deshalb hatte seine Mutter Thetis ursprünglich auch verhindern wollen, dass er an dem Feldzug teilnähme. Agamemnon aber, der Oberbefehlshaber des Heeres, unternahm alles Erdenkliche, um Achilleus und seine gewaltigen Myrmidonen bei sich zu haben.

In der neunjährigen Belagerung von Troja, überfiel Achilleus zahlreiche Nachbarstädte und plünderte sie. Er erbeutete dabei viele Frauen, die er als Sklavinnen Agamemnon schenkte. Nur eine von ihnen, Diomede, behielt er für sich. Sie kam aber nach der schönen Briseis, der Tochter der Briseas, die er auch nach seiner Rückkehr nach Phthia zur Frau nehmen wollte. Auch Briseis war bei einem Raubzug erbeutet worden, ebenso wie Chryseis nach der Eroberung der befestigten Stadt Theben.

Chryseis war die Tochter des Chryses, eines Priesters des Apollo. Sie stand Briseis an Schönheit und Herkunft nichts nach und war dem Agamemnon versprochen worden.

Als der Priester Chryses, der auf der Insel Chryse im Heiligtum des Apollo diente, erfuhr, dass seine Tochter gefangen war, legte er seine Priestergewänder an und begab sich mit wertvollen Geschenken als Lösegeld in das Lager der Griechen, um seine Tochter auszulösen.

Agamemnon aber, der auf Chryse nicht verzichten wollte, jagte den greisen Priester des Apollo auf schimpfliche Weise davon, was den Zorn Apollos erregte. Der Gott mit dem silbernen Bogen sandte gnadenlos seine Pfeile in das Lager der Achäer, die zuerst unter den Tieren und dann unter den Menschen die Pest verbreiteten. Damit begann der Streit zwischen den beiden Helden. Achilleus verlangte von Agamemnon, Chryseis ihrem Vater zurückzugeben, um die tödliche Seuche zu beenden. Unwillig, aber gezwungenermassen, gab Agamemnon Chryseis frei, nahm aber Briseis dem Achilleus weg, denn er meinte, dass dieser ihm seine Beute ersetzen müsste.

Nach einem heftigen Wortwechsel mit seinem Oberbefehlshaber zog sich Achilleus zornig über das ihm zugefügte Unrecht in seinem Zelt zurück und beteiligte sich nicht mehr an den Kämpfen. Die Trojaner waren über den Zwist im griechischen Heer hocherfreut, schöpften Mut und forderten die Achäer zum Kampf heraus: Da sie Achilleus und seine Myrmidonen nicht in den Reihen der Feinde sahen, wurden sie übermütig.

In einer Kampfpause spielen Achilleus und Ajax ein Würfelspiel (Schwarzfigurige Amphore, 530 v.Chr., Rom, Vatikanische Museen).

Die Rache des Achilleus

Achilleus sorgt für seinen verwundeten Freund Patroklos.

Um ihrem Sohn zu helfen, stieg Thetis zum Thron des Zeus empor und bat ihn, ihrem Sohn Genugtuung zu gewähren, da sein Leben so kurz sein sollte. Sie flehte Zeus an, er sollte bewirken, dass die Achäer und Agamemnon den Wert des Achilleus erkennen und letzterer die geschehene Beleidigung bereue. Tatsächlich leisteten die Götter den Belagerern keine Hilfe und Apoll mit dem silbernen Bogen säte mit den Pfeilen Hektors und der anderen Trojaner Tod und Verderben.

Patroklos, der beste Freund des Achilleus, bat ihn, nicht länger untätig zuzusehen, wie die Trojaner bis zu den Schiffen der Achäer vorstiessen und sie zu verbrennen drohten. Doch Achilleus blieb jedoch unbeirrbar. Er sass in seinem Zelt und wollte nichts vom Kampf hören. Darauf beschloss Patroklos, der Liebling des Achill, die Myrmidonen in den Kampf zu führen. Um die Trojaner zu täuschen, wollte er die Rüstung des Achilleus tragen. Die Rüstung des Achilleus war einzigartig, da sie von Hephaistos auf Bitten der Thetis angefertigt worden war. Als Patroklos in dieser Rüstung auf dem Wagen und mit den Waffen des Achilleus in den Kampf zog, wichen die Trojaner ängstlich zurück, weil sie glaubten dass der Herrscher der Myrmidonen wieder kämpfte.

Priamos bittet Achilleus um den Leichnam seines Sohnes Hektor, der auf dem Boden liegt.

Es gelang Patroklos die Feinde, die bis zum Lager der Achäer vorgedrungen waren, zurückzutreiben und ihnen dabei auch zahlreiche Verluste beizubringen. Während die Trojaner zurückwichen, erfuhr Hektor plötzlich von Apollo, wer sein Gegner wirklich war, dem er einen tödlichen Treffer beibrachte. Erschüttert über den Verlust des Freundes, vergass Achilleus alle persönlichen Zwistigkeiten mit Agamemnon und dachte nur noch an Rache. Am Tag nach dem Tod des Patroklos ging Achilleus wieder in den Kampf, ohne darauf zu achten, dass ihm ein früher Tod bes-

Zu Ehren seines toten Freundes Patroklos veranstaltet Achilleus ein Wagenrennen (Fragment eines schwarzfigurigen Dinos, 570 v.Chr., Athen, Nationalmuseum).

timmt war. Die Trojaner wandten sich bereits bei seinem Anblick zur Flucht. Doch rückte Achilleus immer näher an Troja heran. Die Trojaner hatten unzählige Tote zu beklagen, denn jener suchte Hektor, um sich an ihm zu rächen. Nach vielen Kämpfen und Schlachten traf er vor dem Skäischen Tor mit ihm zusammen. Als die beiden Helden ihre Kräfte zu messen begannen, wog Zeus auf der Wage das Schicksal von Achilleus und Hektor. Die Seite Hektors neigte sich zum Hades. Deshalb fand Hektor in diesem Kampf den Tod. Da sein Rachedurst noch nicht gestillt war, band Achilleus den Leichnam Hektors an seinen Wagen und zerrte ihn um die Mauern von Troja. Dann kehrte er zur Leichenfeier für Patroklos in das Lager zurück. Als aber Priamos zu seinem Zelt kam, um die Herausgabe des Leichnams seines Sohnes für die Bestattung zu erbitten, empfing Achilleus den greisen König und Vater seines Gegners mit Hochachtung und vergass seinen Hass. Er befahl, ihn so zu behandeln wie es einem tapferen Krieger zukam. Dann übergab er ihm den Leichnam Hektors zur Bestattung.

Athena steht zwischen den kampfbereiten Achilleus und Hektor (Paris, Louvre).

Der Tod des Achilleus

Der Kampf um Troja ging weiter. Die Tapferkeit und der Mut von Achilleus waren in allen Kämpfen dieses Krieges einzigartig. Schicksalshaft war jedoch sein Ende. Achilleus führte sein Heer und hatte die Trojaner bis an die Stadtmauern zurückgetrieben. Da traf ihn Paris, den der Gott Apollo belehrt hatte, mit dem tödlichen Pfeil an seiner verwundbaren Stelle, der Ferse. Als der Held gefallen war, entbrannte ein heftiger Kampf um seinen Leichnam. Odysseus und Ajax gelang es schliesslich, ihn zum Lager zurückzubringen. Da versuchte Glaukos, der Enkel des Bellerophon, den Toten mit einer Schlinge zu rauben, doch Ajax tötete ihn. Die Leichenfeier wurde von Thetis und den Nymphen veranstaltet. Man häufte einen grossen Grabhügel auf, in dem man die Asche des Achilleus zusammen mit der Asche seines geliebten Patroklos in einer goldenen Amphore beisetzte.

Paris war es nicht vergönnt, sich lange seiner Heldentat zu erfreuen. Er fand den Tod von der Hand des Philoktet, der nicht nur den Tod des Achill rächte, sondern auch die Schande, die er durch den Raub der Helena begangen hatte.

Der verwundete Achill bei dem Versuch, den tödlichen Pfeil zu entfernen (Neuzeitliche Statue aus dem Achillio auf Korfu).

Gegenüberliegende Seite: Der Heros Achilleus (Rotfigurige Amphore, 450/440 v.Chr., Rom, Vatikanische Museen).

Der Fall Trojas - Das hölzerne Pferd

Nach dem Tod des Achilleus fragten sich die Belagerer von Troja, wie es ihnen jemals gelingen könnte, diesen Krieg zu ihren Gunsten zu entscheiden. Zehn Jahre waren verstrichen, sie hatten die Hoffnung aufgegeben und der Mut hatte sie verlassen. Der kluge Odysseus, der König von Ithaka, wollte den Sieg durch eine List herbeiführen. Er machte einen Plan und da ihm auch die anderen Heerführer zustimmten, ging man an die Durchführung.

Die Achäer bauten ein riesiges hölzernes Pferd, dessen hohler Bauch eine verborgene Türe besass. Als es fertig war, versteckten sich eines Abends Odysseus und acht Krieger im Bauch des Pferdes. Man liess das Pferd weithin sichtbar in der Nähe der trojanischen Mauern stehen, packte ein, verbrannte die Zelte und bestieg die Schiffe. Die Flotte segelte nicht weit, sondern verbarg sich hinter der Insel Tenedos. Die Trojaner beobachteten den Abzug der Griechen und wollten anfangs ihren Augen nicht trauen. Sie sahen auch das hölzerne Pferd, dem sie sich zuerst argwöhnisch näherten. Eine Aufschrift besagte, dass die Griechen es der Göttin Athena weihten. Vergebens sprach Kassandra, die Tochter des Priamos, von dem Übel, das ihnen aus dem Pferd erwachsen würde. Niemand hörte auf sie. Laokoon, der Priester des Apollon, warf einen Speer auf das Pferd. Beim Auftreffen auf das Pferd war ein hohler Klang zu hören. Vergeblich versuchte er die Trojaner zu überzeugen, nicht den Achäern zu trauen. Während er dies sagte, kamen, von Athena gesandt, zwei riesige Schlangen aus dem Meer und erwürgten ihn und seine Söhne.

Die Trojaner sahen darin ein göttliches Vorzeichen, dass die Göttin sie strafen würde, wenn sie das Geschenk nicht annähmen. Nachts, als die Trojaner schliefen, verliess Odysseus mit seinen Kriegern den Bauch des Pferdes. Die Flotte kehrte zurück und begann einen furchtbaren nächtlichen Angriff. Die Griechen drangen durch die weit offenstehenden Tore ein und bis die Trojaner bemerkten, was geschehen war, hatte das Blutbad begonnen. In diesem allgemeinen Gemetzel tötete Odysseus den Priamos am Altar des Zeus. Die Stadt wurde niedergebrannt und geplündert. Inmitten der grossen Zerstörung suchte Menelaos in

Als Laokoon entdeckte, dass das Pferd hohl war, sandte Athena Schlangen, die ihn und seine Söhne töteten (Laokoon-Gruppe, 1. Jh. v.Chr., Rom, Vatikanische Museen).

Menelaos verfolgt erzürnt Helena
(Attische rotfigurige Hydria, 450/445 v.Chr., Athen, Nationalmuseum).

den Räumen des Königspalastes nach seiner Frau, die die Ursache dieses entsetzlichen Krieges gewesen war. Nach dem Tode von Paris, hatte Helena dessen Bruder Deiphobos geheiratet, den Menelaos in jener Nacht mit dem Schwert tötete. Mit dem Schwert in der Hand stürzte Menelaos in die Frauengemächer.

Helena erwartete in jenem Augenblick, dass ihr betrogener Gatte sie töten würde. Sie hatte ihre Brust entblösst, um den tödlichen Streich zu empfangen, doch Menelaos entfiel das Schwert. Die beiden umarmten und küssten sich. Menelaos nahm seine Frau mit sich, die erneut das Spiel gewonnen hatte. Um sie war ein Krieg geführt worden war, der die ganze damalige Welt erschüttert hatte.

Die Heimkehr der Helden

Ilion, die Burg von Troja, war durch die List des Odysseus gemäss dem Beschluss der Götter gefallen. Die überlebenden Helden machten sich auf den Rückweg. Menelaos und Helena kehrten nach Sparta in ihren Palast zurück. Ein schreckliches Ende fand Agamemnon, der Oberbefehlshaber des Feldzuges. Seine Frau Klytemnästra hatte sich mit ihrem Vetter Aigistheus verbunden. Nach seiner Rückkehr nach Mykene wurde Agamemnon von seiner Frau im Bade getötet. Ihr Sohn Orestes tötete die treulose und mörderische Ehefrau und ihren Liebhaber Aigistheus, um Rache zu nehmen. Ajax aus Lokri fand den Tod bei einem schrecklichen Schiffbruch auf der Rückfahrt und Diomedes und Idomeneus verbrachten viele Jahre in der Verbannung in Süditalien. Nur wenige hatten das Glück, ihr ruhiges Leben dort wieder aufzunehmen, wo sie es verlassen hatten. Zu ihnen gehörte der weise Greis Nestor, der nach Pylos zurückkehrt. Dort herrschte er in den letzten Jahre seines Lebens.

Der listige und gewandte Odysseus sollte in sein Königreich zurückkehren. Doch hatte er vorher eine Fülle von Abenteuern und unzählige Gefahren zu bestehen.

Das Grab des Agamemnon, auf dessen Stufen Elektra sitzt. Links Orestes und rechts Hermes mit dem Siegeskranz (Rotfigurige Hydria, um 350 v.Chr., Neapel, Nationalmuseum).

5. Kapitel

Die Odyssee

Auf die Erzählung eines Krieges, der in mythischer Zeit ganz Griechenland erschütterte, die Homer in seiner Ilias gestaltete, folgt der Bericht der Odyssee. Dieses Werk des Homer wird von manchen Fachleuten für reifer gehalten. Es erzählt die Abenteuer, die Odysseus, der Bezwinger Trojas, von seiner Abfahrt aus der Troas bis zu seiner Rückkehr in die Heimat erlebte. Odysseus, der mit vielen geistigen und körperlichen Fähigkeiten begabt war, in dem der unsterbliche griechische Geist lebendig war, begann die Fahrt mit einer ganzen Flotte. Alleine und erschöpft, aber reich an Erfahrungen kam er an das Ufer seiner geliebten Insel. Auf seinen Irrfahrten durchlebte Odysseus alle Gefahren, die damals die Seeleute erschreckten: Unberechenbare Strömungen und gefährliche Durchfahrten, feindselige Häfen und furchterregende Einwohner. Durch Ausdauer und Mut überwand er alle. Die Menschen und Götter, die ihn gut aufnahmen liebten ihn. Sie wollten ihn bei sich behalten, fern von seinem geliebten Ithaka. Ein merkwürdiges Schicksal wollte es, dass er trotz Flotte und Mannschaft auf einem fremden Schiff in seine Heimat zurückkehren sollte. Aber verfolgen wir die lange Fahrt der Rückkehr.

Odysseus ist an den Mast gebunden und lauscht dem Gesang der Sirenen (Stamnos, um 475/460 v.Chr., London, British Museum).

DIE IRRFAHRTEN DES ODYSSEUS

Kikonen und Lotosesser

Nach dem Untergang Trojas schloss sich Odysseus der Flotte des Agamemnon an, doch ein Sturm trennte sie. Er landete an der Küste Thrakiens, das damals das Land der Kikonen war. Die Kikonen waren Verbündete der Trojaner gewesen, weshalb Odysseus die Stadt Ismaro Überfiel und plünderte und nur Maronas, den Priester des Apollon verschonte, der ihm zwölf Krüge süssen, schweren Weines schenkte. Bei der Landung und dem Überfall auf das Land der Kikonen verlor Odysseus sechs Mann von jedem Schiff. Auf der anschliessenden Fahrt nach Süden kam er in das Kytherische Meer bei Kap Maleas. Danach gingen sie an der afrikanischen Küste an Land. Die Einwohner nahmen Odysseus und seine Gefährten wohlwollend auf, die auf Kundschaft gegangen waren. Doch gab man ihnen Lotos zu essen, eine Frucht, die auch die Einwohner des Landes assen. Sobald die Matrosen sie gegessen hatten, vergassen sie ihre Heimat und den Wunsch nach Rückkehr. Odysseus musste sie schliesslich gewaltsam zu den Schiffen zurücktreiben.

Im Land der Kyklopen

Die Schiffe des Odysseus segelten nach Norden und ankerten vor einer Insel -möglicherweise Sizilien-, auf der die Kyklopen lebten. Mit zwölf seiner Gefährten ging Odysseus an Land. Als Geschenk für die Einwohner hatte der die Weinschläuche des Priesters Maronas dabei. Sie kamen zu einer Höhle, in der sie grosse Mengen von frischer Milch und Käse fanden. Odysseus war neugierig und wollte wissen, wem diese Dinge gehörten. Er achtete nicht auf seine Gefährten, die nicht bleiben wollten. Der Wunsch dieses riesenhafte Wesen zu sehen war grösser. Als der Bewohner der Höhle, der Kyklop Polyphem zurückkam, bemerkte er die Fremden und nahm sie in der Höhle gefangen. Er verschloss den Eingang mit einem riesigen Stein, den 50 Männer nicht hätten wegwälzen können. Dann frass er zwei Gefährten des Odysseus und verschlang sie immer paarweise. Da bot ihm Odysseus von dem süssen Wein an. Polyphem trank ziemlich viel und in seiner guten Laune fragte er nach dem Namen des Fremden. "Mein Name ist Niemand" war die Antwort.Als Dank für die schöne Gabe, versprach Polyphem Odysseus als letzten zu verspeisen.

Odysseus wusste nicht, wie sie dem menschenfressenden Ungeheuer entkommen sollten. Zuerst wollte er Polyphem töten. Aber wer würde den Stein beiseite wälzen? Da beschloss er, ihn zu blenden.

Der betrunkene Polyphem schlief tief. Sie fanden einen Balken, spitzten ihn und härteten ihn im Feuer. Damit stachen sie ihm sein einziges Auge aus. Die Schmerzensschreie des Polphem hallten über die ganze Insel. Die anderen Kyklopen wollten ihm zur Hilfe eilen. Auf die Frage, wer ihm etwas angetan hätte, antwortete er: "Niemand". Da lachten sie und kehrten in ihre Höhlen zurück, da "niemand" ihm etwas getan hatte. Am Morgen suchte der blinde Polyphem vergeblich nach den Fremden. Odysseus und seine Gefährten verliessen die Höhle indem sie sich am Bauch der Schafe anklammerten. Als das Schiff des Odysseus sich von der Insel entfernte und die Segel gesetzt hatte, rief Odysseus dem Polyphem zu, dass Odysseus, der Besieger Trojas, ihn geblendet habe. Der Kyklop verlangte von seinem Vater Poseidon, dass er ihn räche. Dies war der Grund für den Zorn des allmächtigen Meeresgottes und die unendlichen Leiden des Odysseus.

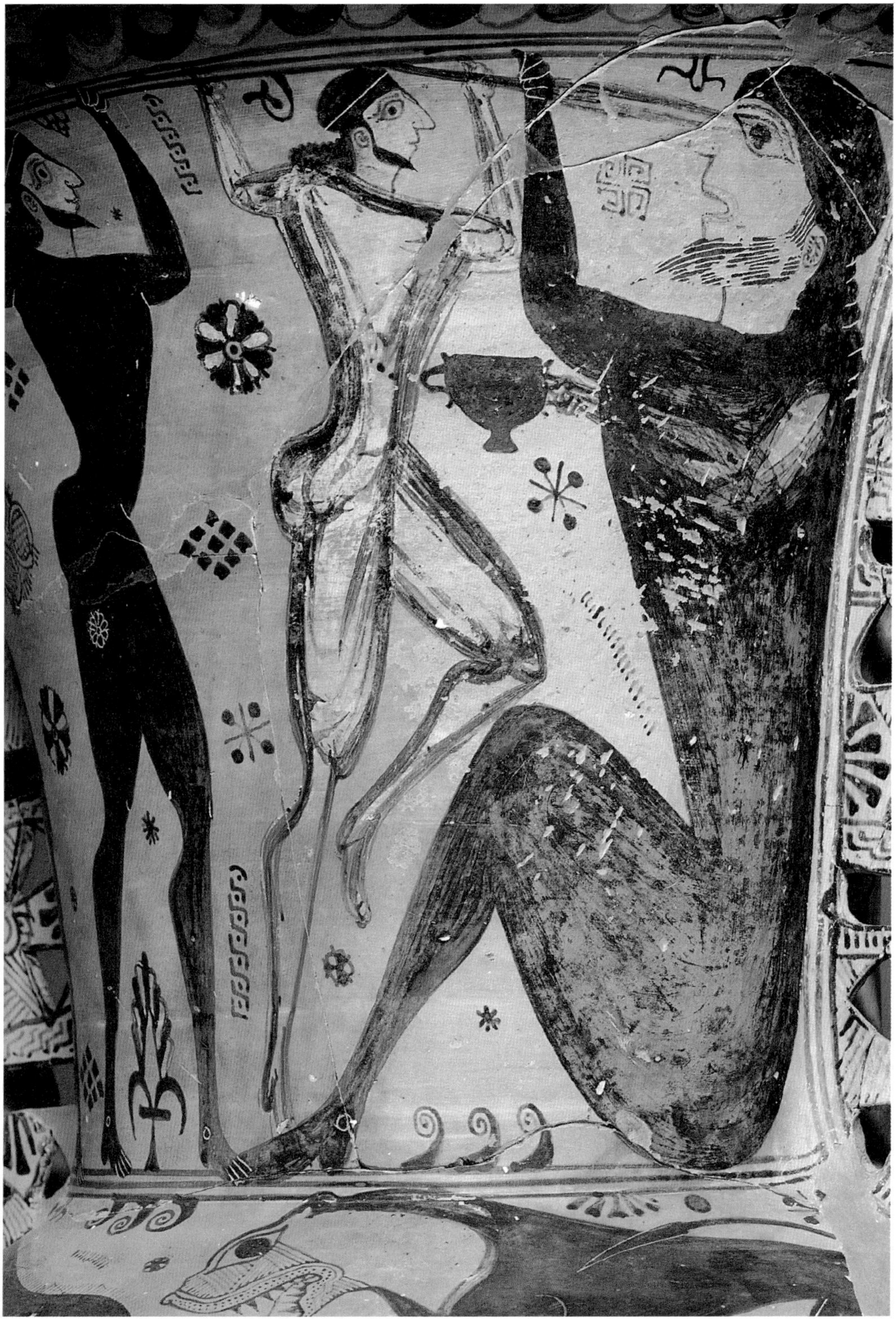

Durch Klugheit und Wagemut gelingt es Odysseus, dem Kyklopen Polyphem das Auge auszustechen (Protoattischer Krater, um 670 v.Chr., Eleusis, Arch. Museum).

Auf der Insel des Äolos

Die Gefährten des Odysseus hörten nicht auf seinen Befehl und öffneten den Schlauch des Äolos. Der erste Sturm kommt drohend aus der Öffnung (Etruskische Gemme, Ende 5. Jh. v.Chr.)

Nach der Insel des Polyphem kamen die Gefährten zur Insel des Äolos. Äolos war der Herrscher über die Winde. Er nahm Odysseus gastfreundlich in Äolia auf und bewirtete ihn einen Monat. Als die Stunde der Abreise gekommen war, machte der Gott der Winde ihm ein wertvolles Geschenk. Er gab ihm einen Schlauch aus Rindsleder, in dem alle starken Winde eingeschlossen waren. Nur einen Wind, den Zephyr hatte er freigelassen, dessen Hauch die Schiffe nach Ithaka bringen sollte. Odysseus erzählte seinen Gefährten von den Worten des Äolos, dass sie den Sack nicht öffnen dürften, denn sonst würden sie auf ihrer Fahrt in grosse Gefahr geraten. Leider gehorchten aber die Matrosen nicht. Sie meinten, dass Äolos dem Odysseus einen besonderen Wein geschenkt habe und öffneten heimlich den Schlauch, während jener schlief. Da fuhren gleichzeitig alle erzürnten Winde aus dem Schlauch. Ein gewaltiger Sturm schleuderte das Schiff wie eine Nussschale hin und her und trieb es zur Insel des Äolos zurück. Jener war aber davon überzeugt, dass die Götter dem Odysseus nicht helfen wollten, und überliess ihn seinem Schicksal.

Auf der Insel der Kirke

Auf der Weiterfahrt brachte das Schicksal die Männer des Odysseus in das Land der Lästrygonen, die wilde Menschenfresser waren. Nur mit Mühe entkamen sie dem Volk der Lästrygonen, das sie mit Steinwürfen verfolgte und ihre Schiffe versenkte. Nur mit einem Schiff und seiner Besatzung konnte Odysseus entfliehen und fuhr nach Norden zur Insel der Kirke.

Zuerst nahm die Zauberin Kirke die Männer freundlich auf, die Odysseus unter der Führung des Eurylochos als Kundschafter ausgeschickt hatte. Doch nach dem Mahl, mit dem Kirke sie empfangen hatte, berührte sie die Männer mit ihrem Zauberstab und verwandelte sie in Schweine und andere Tiere. Eurylochos konnte entkommen und berichtete Odysseus die Ereignisse. Er beschloss selbst die Zauberin aufzusuchen, um sie davon zu überzeugen, dass sie seinen Männern ihre eigentliche Gestalt zurückgeben sollte. Zuerst versuchte Kirke ihre Zaubereien auch an Odysseus, bei dem ihre Kunst versagte, weil Hermes ihm vor dem Besuch des Palastes der Zauberin ein Kraut gegeben hatte. Er bedrohte sie mit dem Schwert und erzwang das Versprechen, dass sie keinem von ihnen etwas Böses tun würde. Der weitere Aufenthalt auf de Insel war angenehm. Auf den Rat Kirkes stieg Odysseus in den Hades hinab, um den Schatten des Sehers Teiresias über die Rückkehr in die Heimat zu befragen. Teiresias sagte ihm voraus, dass er alleine auf einem fremden Schiff zurückkehren werde und sich an den ehrgeizigen Freiern seiner Frau rächen würde.

Die Zauberin Kirke bietet den Gefährten des Odysseus Wein an
(Attische schwarzfigurige Lekythos, 480/470 v.Chr., Athen, Nationalmuseum).

Die Insel der Sirenen

Später fuhr Odysseus an den Sirenen vorbei, die schon beim Zug der Argonauten erwähnt worden waren. Damit die Matrosen vom zauberhaften Gesang dieser Dämonen, die halb Frauen und halb Vögel waren, nicht verzaubert würden, verschloss er ihnen die Ohren mit Wachs.

Ihn selbst trieb aber die Neugier, dieses göttliche Lied zu hören. Deshalb befahl er, dass man ihn an den Mast des Schiffes binde, um so den Gesang zu hören. Er befahl den Matrosen, ihn noch fester zu binden, wenn er bäte, dass sie ihn losbänden. So geschah es.

Links: Der gebundene Odysseus lauscht dem Gesang der Sirenen (Schwarzfigurige Lekythos, um 500 v.Chr., Athen, Nationalmuseum).

Unten: Odysseus fährt mit seinen Gefährten an der Insel der Sirenen vorbei. Etruskisches Relief, 2. Jh. v.Chr. (Paris, Louvre).

Skylla. Relief des 5. Jh. v.Chr., das auf Milos gefunden wurde (London, Britisches Museum).

Skylla und Charybdis

Nachdem sie an der Insel der zauberhaften Sirenen vorübergefahren waren, erreichten sie die Meerenge von Skylla und Charybdis. Die Skylla war ein Meeresungeheuer, dessen Oberkörper weiblich war und dessen untere Körperhälfte von sechs wilden schrecklichen Hunden gebildet wurde. Seine Höhle war an der Meerenge von Messina an der italienischen Küste.

Sie verschlang die vorüberfahrenden Schiffer. Genau gegenüber auf der anderen Seite der Meerenge, die Italien von Sizilien trennt, hauste die Charybdis. Dieses Ungeheur trank dreimal täglich riesige Mengen Meereswasser und schlürfte dabei alles ein, was auf dem Meer schwamm, selbst Schiffe. Danach spuckte sie das ganze Wasser, das sie geschluckt hatte, wieder aus. Die Fahrt durch die Meerenge war sehr gefährlich, weil es nicht möglich war, dem einen der beiden Ungeheuer zu entkommen. Damit das Schiff des Odysseus nicht von der Skylla verschlungen wurde, fuhr es dicht an der Skylla vorbei, die schliesslich mehrere Matrosen verschlang.

Die Rinder des Sonnengottes - Die Insel der Kalypso

Die Insel Trinakria sollte der nächste Halt des Odysseus werden. Dort weideten die Herden der weissen Rinder, die dem Helios heilig waren. Die Winde waren ungünstig für eine neue Ausfahrt und die Lebensmittel gingen zu Ende. Odysseus hatte streng verboten, die heiligen Rinder des Gottes Helios zu schlachten. Doch gehorchte man ihm nicht und überwältigt von Hunger schlachteten die Gefährten mehrere Tiere und brieten sie.

Da verlangte Helios von Zeus Genugtuung für die ihm zugefügte Beleidigung. Das Schiff geriet deshalb gleich nach der Abfahrt in einen Sturm, wurde von einem Blitz des Zeus getroffen und ging unter. Nur Odysseus, der von den heiligen Tieren des Helios nicht hatte essen wollen, konnte sich retten. Er kam nach Ortygia, der Insel der Kalypso. Die Nymphe Kalypso nahm den Schiffbrüchigen auf. Sie war eine Tochter des Atlas und bewohnte eine schöne, geräumige Grotte, die sich auf Gärten und Haine öffnete. Odysseus erging es sehr gut. Die Nymphe tat alles, um ihn an sich zu fesseln und sie wollte ihm sogar die Unsterblichkeit verschaffen. Doch das Heimweh verliess Odysseus nicht und schliesslich sandte Zeus auf Bitten von Athena den Götterboten Hermes mit dem Befehl, Odysseus freizugeben und ihm die Rückkehr in seine Heimat zu ermöglichen. Kalypso half ihm, Holz für ein Floss zu finden, und gab ihm Vorräte und Ratschläge für seine Fahrt.

Auf der Insel der Phäaken

Traurig verabschiedete Kalypso sich von Odysseus, der nach Osten segelte. Doch der Zorn Poseidons war noch nicht gestillt. Er wühlte riesige Wellen auf, zertrümmerte das Floss und schleuderte Odysseus ins Meer. In den Trümmern des Schiffbruchs erreichte Odysseus schliesslich erschöpft die Insel der Phäaken, das heutige Korfu, das Homer Scheria nennt. Erschöpft schlief er am Strand ein, bis ihn Mädchenstimmen weckten. Es waren Nausikaa, die Tochter des Königs Alkinoos und der Königin Arete, die über die Insel herrschten, mit einem Gefolge von Mädchen aus dem Palast. Sie waren an den Fluss in der Nähe gekommen, um Wäsche zu waschen. Als Nausikaa den Fremden sah, half sie ihm, gab ihm Kleider und zeigte ihm den Weg zum Palast.

Alkinoos und Arete empfingen den Fremden sehr gastlich. Odysseus erzählte seine Leiden und Abenteuer. Alle hatten Mitleid mit ihm, doch sie bewunderten seine Taten, die weithin berühmt geworden waren. Sie schlugen ihm vor, bei ihnen zu bleiben und Nausikaa zu heiraten. Odysseus berichtete aber von seiner Sehnsucht, in seine Heimat Ithaka zurückzukehren. Der König und die Königin waren so gerührt, dass sie ihm ein Schiff für die Rückkehr in seine Heimat zur Verfügung stellten. Auf der Fahrt schlief der vielgeprüfte Odysseus ein. Die Phäaken setzten ihn mit allen Geschenken des Alkinoos an einer abgelegenen Küste Ithakas an Land. Nach zwanzig Jahren war der von den Göttern bestimmte Augenblick gekommen, in dem Odysseus in seine Heimat zurückkehrte.

Odysseus nähert sich unter dem schützenden Blick von Athena Nausikaa, der Tochter des Königs Alkinoos. Die Zweige in den Händen sind ein Zeichen des Bittens.

Odysseus in Ithaka

In Ithaka ging Odysseus zuerst zur Hütte des Schweinehirten Eumaios. Eumaios erkannte ihn und der herbeigeholte Telemachos berichtete über die Ereignisse im Palast. Die Freier, die Penelope heiraten und den Thron besteigen wollten, waren nicht nur aus Ithaka gekommen, sondern auch aus anderen Ländern, die unter der Herrschaft des Odysseus standen. Sie hatten sich im Palast niedergelassen und verprassten in grossen Gelagen das Vermögen des Odysseus. Lange Zeit hatte Penelope sie getäuscht indem sie versprach, einen von ihnen zu wählen, sobald sie das Bahrtuch für ihren Schwiegervater, den greisen Laertes, auf ihrem Webstuhl gewebt hätte. Am Tag nun webte Penelope und in der Nacht trennte sie das Gewebe heimlich wieder auf, bis ihre List bekannt wurde. Die 108 Freier wurden übermütig und das Netz der Nachstellungen schloss sich enger um die treue Königin. Alle bestürmten sie, sich für einen von ihnen zu entscheiden. Als Odysseus das alles gehört hatte, beschloss er, ihnen eine harte Lehre zu erteilen. Er verkleidete sich als Bettler und ging mit Telemachos in den Palast. Niemand erkannte ihn, ausser dem treuen Hund Argos, den er bei dem Aufbruch nach Troja jung zurückgelassen hatte. Als Argos seinen Herrn sah, sprang er auf ihn zu, wedelte mit dem Schwanz und starb zu Füssen seines Herrn.

Die greise Eurykleia erkennt Odysseus an der tiefen Narbe am Bein. Eumaios, der Odysseus in den Palast geführt hatte, reicht ihm jetzt ein Geschenk. Nach einem rotfigurigen Becher, um 440 v.Chr.

Rechts: Trauernd sitzt Penelope am Webstuhl, ihr Sohn Telemachos betrachtet sie nachdenklich.

Odysseus rächt sich an den Freiern

Das plötzliche Erscheinen eines Bettlers, der die Freier um Essen bat, machte ihr würdeloses Verhalten deutlich. Nur Penelope wollte mit dem Fremden sprechen, der vielleicht etwas über ihren Mann wüsste. Er gab sich aber nicht zu erkennen, doch machte er ihr Hoffnung. Penelope glaubte aber nicht mehr an dessen Rückkehr und veranstaltete unter den Freiern einen Wettkampf. Sie versprach, den Sieger zu heiraten. Der Wettkampf verlangte grosse Geschicklichkeit im Bogenschiessen, doch musste zuerst der Bogen des Odysseus gespannt werden, den Penelope aufbewahrt hatte. Anschliessend musste der Pfeil durch die Löcher einer Reihe von Äxten geschossen werden, die hintereinander angeordnet waren. Ein Freier nach dem anderen versuchte sein Glück, aber keinem von ihnen gelang es auch nur, den Bogen zu spannen. Schliesslich trat Odysseus vor. Überrascht sahen die Freier, dass der Bettler mühelos den Bogen spannte und ohne Schwierigkeiten beim ersten Versuch das Ziel traf. Die Stunde der Vergeltung war gekommen. Die treuen Diener schlossen die Türen des Palastes und Odysseus und Telemachos griffen zu den Waffen, die sie absichtlich in einem Raum im Obergeschoss gesammelt hatten. Ein Blutbad unter den Freiern schloss sich an. Penelope erfuhr die Neuigkeiten in ihren Gemächern und wagte nicht zu glauben, dass ihr Mann zurückgekehrt war. Schliesslich erkannte sie ihn, als er ihr Geheimnisse nannte die nur sie beide kannten, und ihr das Hochzeitszimmer beschrieb.

Ausklang

Am nächsten Tag ging Odysseus auf die Felder. Es war auch Zeit, dass der greise Laertes wieder froh wurde, der seinen Sohn umarmte und ihn erkannte.

Doch die Eltern der Freier griffen zu den Waffen, versammelten sich und verlangten Genugtuung für den Verlust ihrer Söhne. Athena nahm die Gestalt des umgänglichen und klugen Mentor an. Sie vermittelte und beruhigte die Gemüter bis in Ithaka wieder Ordnung und Frieden herrschten.

Dies ist die Geschichte des Odysseus wie Homer sie in seiner Odyssee berichtet, die als die älteste und wichtigste Fassung aller vorhandenen Erzählungen gilt.

Odysseus ist der ewige Grieche, den seine Leidenschaften und Schwächen, seine Unternehmungslust und Schlauheit, sein Geist und seine Erfindungsgabe charakterisieren. Er ist irdisch, vergänglich, alltäglich. Er ist jeder Mensch dieser Erde, der einem Ziel zustrebt, der unterwegs ist zu seinem Ithaka.

***Homer** ist der grösste Dichter aller Zeiten.*
Über sein Leben ist wenig bekannt und auch seine Herkunft ist nicht gesichert. Sieben Städte stritten sich darum, sein Geburtsort zu sein: Smyrna, Rhodos, Kolophon, Salamis auf Zypern, Chios, Argos und Athen. Höchstwahrscheinlich ist Smyrna seine Geburtsstadt, da es in seinem Werk viele ionische Elemente gibt. Der Dichter lebte im 9. Jh. v.Chr. Seine unsterblichen Epen Ilias und Odyssee sind seine ältesten und wertvollsten Dichtungen. Es werden ihm aber auch andere Werke zugeschrieben. Viele Autoren glauben, dass er während des trojanischen Krieges lebte, andere meinen, dass er später lebte. Homer starb auf der Insel Ios und wurde dort bestattet. Man verehrte ihn mit Opfern und Weihgaben. Die genauen Beschreibungen des Lebens und der Kultur der Griechen jener Zeit sind ein wertvolles Erbe Griechenlands und der ganzer Welt.

Zum Abschluss

Mit dieser zusammenfassenden Darstellung ist es hoffentlich gelungen, dem Leser ein vollständiges Bild der griechischen Mythologie zu vermitteln. Die religiösen, historischen und didaktischen Mythen enthalten nicht nur manche Wahrheit, sondern sind ein Teil der Entwicklung des menschlichen Denkens. Doch ist der Mythos eine unerschöpfliche Quelle, die noch viel Material für weitere Seiten böte. Viele Personen, die in den verschiedenen Kapiteln nur kurz angeführt wurden, haben ihre eigenen Mythen. Sie sind vielleicht nicht so bekannt, aber dennoch interessant und eigenständig. Es soll noch einmal darauf hingewiesen werden, dass es viele verschiedene Fassungen der gleichen mythischen Erzählung gibt, die aus verschiedenen Landschaften stammen. Von diesen Varianten wählten wir nur die bekanntesten und einflussreichsten aus. Es ist besonders bemerkenswert, dass viele Ereignisse in der Gesamtheit der Erzählungen keine logische Verankerung in der Zeit haben. Mythen, die das gleiche Thema behandeln und getrennt überliefert wurden, sprechen von den gleichen Dingen, die anscheinend zu verschiedenen Zeiten stattfanden. Manche Heroen erleben Dinge zu einer Zeit, von der uns andere Erzählungen berichten, dass sie zu einer Zeit stattfanden, als der Held sich anderswo befand. Man muss deshalb akzeptieren, dass der zeitliche Rahmen der Mythen fliessend ist. Und natürlich konnten die alten Griechen nicht ahnen, dass die Dinge, die sie erlebten, als sie ihre Welt schufen und wichtige Schritte in der Entwicklung der Menschheit taten, uns heute nach so vielen Jahren beschäftigen würden. Vielleicht hätten sie - wer weiss das schon? - versucht, die Lücken zu schliessen, die sich ergaben, als sie in ferner Vorzeit die Wahrheit zu finden suchten. Wichtig bleibt jedoch die unbezweifelbare Tatsache, dass aus den Jahrhunderten des Altertums sich schriftliche Zeugnisse erhalten haben, zumeist bedeutende Kunstwerke, die von den Ereignissen berichten, die hier beschrieben wurden. Ob man ihnen in Griechenland, ihrer Heimat, oder in einem der Museen der Welt begegnet, es lohnt sich, sie zu befragen. Sie haben so viel zu erzählen!

Die benützte Literatur

Die Quellen für diese zusammenfassende und hoffentlich allgemeinverständliche Darstellung ist die antike griechische Literatur, deren Schriftsteller immer wieder im Text genannt werden: Hesiod, Homer, Apollodor, Apollonios Rhodios, Strabo, Plutarch, Pausanias, Pindar, Theokrit, Euripides, Sophokles, Äschylos, Lukian u.a. Aus den Arbeiten moderner Forscher wie K. Kérényi. I. Kakridis, Rispen und Pierre Grimal entnahmen wir wertvolle Informationen und Analysen. Das vorliegende Buch wendet sich nicht an den Fachwissenschaftler und sollte nicht nach deren Masstäben beurteilt werden. Ausserdem gibt es bereits zahlreiche bedeutenden griechische und ausländische Wissenschaftler, die sich in diesem Gebiet ausgezeichnet haben und auszeichnen. Unsere Veröffentlichung möchte einen möglichst einfachen Zugang zur griechischen Mythologie eröffnen und ist erfüllt von Liebe und Bewunderung der Quellen. Wir sind der Meinung, dass der griechische Mythos eine allgemein menschliche Bedeutung hat, weshalb die Menschen überall auf der Welt ihn kennen sollten.

Namensverzeichnis